"Las vivencias del Señor H."

Escrito por

Helmuth Rivera Puentes

Y

Daniel Alvarez Torche

<u>*Como nacen "Las Vivencias del Señor H."*</u>

El presente libro de las Vivencias del Señor H., nace en el contexto de una conversación psicólogo-usuario a fines del año 2018, donde este último comenta que ha vivido tantas cosas, que podría escribir más de 1 libro, a lo que el psicólogo le responde que eso no es tan descabellado, que se podría llevar a cabo si él quiere, y que inclusive puede ser terapéutico. Inmediatamente deja en claro que desea crear un libro de relatos y se acuerda la forma en que se construirá. Luego firma los consentimientos informados asociados a la creación de este texto. En primera instancia era un punto fuerte cuidar la confidencialidad de nuestro protagonista, sin embargo, él quiere que el mundo conozca sus historias y su nombre, por eso la tapa de este libro lleva sus nombres y apellidos. El no será invisibilizado como muchas veces pasa con las personas de calle, en estas, sus historias. A pesar de que otros nombres y lugares impresos en el presente relato han sido debidamente modificados para no causar ningún tipo de perjuicio en particular. Este libro puede ser de utilidad para profesionales de la salud mental que trabajen o deseen trabajar con personas en situación de calle, colocando énfasis en que el trabajo con las personas sin hogar no es para interventores que se quieran poner una capa de superhéroes ni nada por el estilo, sino para personas respetuosas con los procesos, historias y narrativas de los demás, que hagan su labor desde una perspectiva donde los prejuicios deben quedar de lado, y el interés genuino y la curiosidad por conocer al otro deben predominar la mayor parte del tiempo. Tengo mucho más que decir sobre este desafiante trabajo, pero quizás Dios me permita hacerlo en otra ocasión, ya que en realidad en esta oportunidad deseo más que nada invitarlos a seguir leyendo "Las Vivencias del Señor H.", donde encontrarán los relatos de un chileno que habla como hablan los chilenos en las calles, barrios, poblaciones, ferias, locomoción colectiva, etc. Lleno de picardía y folclore, y con una honestidad, sencillez, y sobre todo, un enorme nivel de solidaridad, que impacta.

Gracias Helmuth por haberme permitido ser parte de este viaje por tu historia, tu verdad. Como siempre te deseo mucho éxito en todas las dimensiones de tu vida. Te estima con el corazón, tu compañero de aventuras y tormentas, durante estos años.

Daniel Alvarez T.
Noviembre de 2020

I-. Ver cosas locas

Señor H: Te voy a contar mi historia, pero tienes que tener claro que mi historia está llena de cosas locas, porque tengo varias locuras en mi mente, me han pasado tantas cosas Daniel, y hay algunas que no se las he contao a nadie, pero ahora te las voy a contar. Yo sé que tú no eres longi (idiota), por eso que te voy a confiar mis historias, tengo hartos deseos de hablar, tengo muchas historias acumuladas en la punta de mi lengua a punto de detonar tu cráneo (mente), así que afírmate de la silla, o algo, que es posible que en algún momento de esta conversación te vayas de raja (caer al piso impactando el trasero).

Psicólogo: Estoy dispuesto a escuchar tu historia estimado, las cosas locas son mi especialidad, soy todo oídos.

Señor H: Era chico, corría el año 1973, y vino el golpe de estado, yo era un cabrito (niño pequeño), debo haber tenido unos 6 o 7 años, y mis ojos tuvieron que comenzar a ver cosas locas, esas cosas están todavía grabadas en mi cabeza. Vivía en ese tiempo con mis padres y hermanos en el sector Santa Rosa de Temuco, y los milicos (militares) luego del 11 de Septiembre, salieron a las calles de mi población a matar gente a punta de balazos, yo vi como mataron a un vecino al frente a la casa de mis padres, me tocó mirar como los milicos se llevaban a la gente arrastrando por las calles, como si fueran muñecos de trapo y después los tiraban al río, el que se fue tiñiendo de rojo, por eso te digo Daniel, tengo cosas locas en mi cabeza.

Psicólogo: Entiendo que es un recuerdo complicado como para olvidarlo fácilmente.

Señor H: Cosas locas, uuuuhhh…, prefiero no entrar en detalles (el referido se apunta la cabeza con el dedo índice y se la golpea con este repetidas veces, mientras repite que tiene cosas locas dentro de su mente). Así fui creciendo en mi población, Santa Rosa, donde trabajé desde chico haciéndome monedas (dinero) de distintas maneras pa´aportar a la casa, pa´ayudarle a mi mamá, para que mi viejita no trabaje, mira que las cosas en ese tiempo estaban duras, pero así yo de chico salía y le ponía el hombro a la vida, había que puro crecer sin importar que eras chico, así es cuando se vive en necesidad y se es niño y hay una casa que parar (mantener cubierta las necesidades de una familia) ¿cachay? (¿cachay?: forma coloquial en Chile de decir, ¿entiendes?), mira que para muchos en este país las cosas no son na´color de rosa.

Psicólogo: Póngale nomas papito, aquí yo le sigo, las cosas no son color de rosa.

Señor H: No po´, fue una infancia de sacrificio y las cosas no cambiaron mucho con el tiempo la verdad, siguió cuesta arriba el camino. No sé si la has escuchado, pero hay Daniel, una canción muy sabia, que dice, "los caminos de la vida, no son lo que yo pensaba, no son lo que yo creía, no son lo que imaginaba…, los caminos de la vida son muy difícil de andarlos, difícil de caminarlos y no encuentro la salida" (El Señor H. canta la canción "Los caminos de la vida" de Vicentico de manera emotiva, bailando con su cuerpo y sus manos).

Psicólogo: Hay sabiduría en esa canción.

Señor H: Es muy buena esta canción Daniel y además dice algo que es real, "Los caminos de la vida son difíciles, no están llenos de unicornios y arcoíris, no son como yo esperaba… (Señor H. sé para de la silla y comienza a cantar bailando y sonriendo)".

Psicólogo: ¡Buen dance!.

II-. *De adolescencia y amor*

Señor H: Lleguemos a mis 16 años, ya estaba más grande ya. Había que luchar por la familia y sacar adelante a mis hermanos. Estuve haciéndome cargo de la casa, económicamente, hasta que mis hermanos fueron creciendo. Cuando cumplí 17 años, me fui a Bahía Mansa y fue un sufrimiento grande que tuve, porque chucha (chucha: se utiliza en la jerga callejera para darle énfasis a lo que se desea expresar, entre otros usos) disculpando la palabra, nadie sabía de mí, y yo en Bahía Mansa luchando por la familia. En ese tiempo no habían celulares, ni redes sociales, ni una de esas hueas (hueas: cosas), nadie sabía de mí, en ese pueblo estábamos incomunicados. Tres meses después volví a Temuco, después de trabajar esos tres meses de sol a sol. Entonces llegué a mi casa, me encontré con mi madre, que en paz descanse, que Dios me la bendiga a mi vieja linda (beso al cielo) te amo mucho mamá. Me encontré con ella y fuimos de inmediato a la iglesia, a agradecer al Todopoderoso por estar junto a mi familia, con salud y vida. Después seguí trabajando acá en

Temuco en distintas cosas y a los 19 años pasó algo bonito en mi vida, conocí a mi mujer.

Psicólogo: ¿Cómo conociste a tu mujer?.

Señor H: Oooh!, eso es una cosa hermosa, como yo conocí a mi mujer es una cosa hermosa, yo trabajaba en una pescadería en la feria y ella vendía café en un carro en la feria antigua, y yo le regalaba claveles, la parte de arriba del clavel, y le pedía café. Le levantaba el dedo no ma´ y le pasaba los claveles, así no más es la cosa, tengo que agradecer al de arriba mi linda, hermosa mujer que tengo, que nunca va a dejar de ser mi mujer, hasta que me muera, aunque ahora no estemos juntos, a esa mujer yo la amo y la voy a seguir amando siempre, soy casado legalmente con ella. Éramos cabritos cuando nos conocimos jejejja, que cosa linda (se le llenan los ojos de lágrimas), le llevaba claveles todos los días jjejej, y le pedía café, eso fue un amor tan intenso Daniel, algo muy lindo.

Psicólogo: ¿Podemos hablar un poco más de como conociste a tu mujer?, los claveles cierto, pero ¿cómo llegaste a conquistarla?.

Señor H: Con flores po´.

Psicólogo: ¿Cómo fue?, ¿qué le dijiste?, ¿qué te decía ella?.

Señor H: Nada, solamente flores. Una mujer con flores chucha, es el mejor regalo de su vida, porque tú le estas regalando cariño, le estas regalando corazón, le estas regalando el alma, una flor, es una flor, aunque sea una hueaita (hueaita: diminutivo de cosa, "cosita"), es un cariño, estaré cagao de la cabeza pero mira, no soy hueon (hueon: en este contexto se refiere a que no es idiota), yo a todas las mujeres las conquisto con una flor. Mira Daniel, yo he tenido cualquier mina (mina: mujer) tentándome, y yo le digo no mijita, este que está aquí está ocupado (apunta a su corazón), me casé con una mujer y va ser la única, la amo, la quiero y la respeto, ¿cachay?.

Psicólogo: Entiendo papito.

Señor H: ¿Te sigo conversando mi vida?, ¿te sigo conversando mi locura?.

Psicólogo: Sigamos adelante, estoy interesado.

Señor H: Afírmate, agárrate de la silla que vamos a aumentar el nivel de locura.
Pasemos cambio.

Psicólogo: Te dije ya que no me perturbo fácilmente…, Oye y ¿cómo fueron los primeros meses con tu mujer?.

Señor H: Hermosos, de repente complicados, pero igual tratamos avanzar juntos por la vida, luchando de la mano. Si, así se empieza pu´ Daniel, con sacrificio, con poco. Ella igual trabajaba, nació mi hija, vivíamos ahí en calle Montt, arrendamos una pieza más piñiñenta (una habitación sucia) que la chucha, habían piojos, las pulgas saltaban y hacían fiesta pu´ hueon (hueon: en este contexto "hueon" es utilizado para expresar confianza), una huea así, una huea piojenta, julera (julera: de mala calidad) ¿cachay?, y yo pato, así que conversé con un amigo y me arrendó una pieza sin pasarle plata.

Psicólogo: Tienes buenos amigos.

Señor H: Seeeee po (Seeeee po: representa una respuesta afirmativa al comentario anterior del profesional de la salud mental), los amigos valen más que la plata, valen más que la plata. A mí, este amigo me arrendó la pieza sin pedirme un peso.

Psicólogo: Concuerdo contigo.

III-. *Apariciones del patas de hilo*

Señor H: Sin pasarle ni un peso me arrendo la pieza, empecé a trabajar y luego empecé a pagar eso sí, yo en ese entonces trabajaba en el Temuco 2000, estoy hablando de como 24 años atrás.

Psicólogo: ¿Que era el Temuco 2000?.

Señor H: El Mall Temuco po´.

Psicólogo: A ya, ya, en la salida norte de la ciudad.

Señor H: Sipu en la salida norte, ahí empecé a ganar lucas, trabajando de noche, trabajaba de las 9 de la noche hasta las 7 de la mañana, y dándole no más, aunque fueran caleta de horas (caleta de horas: muchas horas).

Psicólogo: Caleta de horas y en la noche más encima.

Señor H: En la noche, más encima ahí trabajaba el patas de hilo po´ (patas de hilo: Satanás, Diablo, el maligno).

Psicólogo: Oye si eso es lo que se escuchaba en ese tiempo, por eso se cerró, recuerdo que en Temuco fue noticia en TV y en el diario (periódico) ese tema de que el maligno se le aparecía a los trabajadores del Mall, luego las personas dejaron de ir a ese Mall y tuvieron que cerrar, ¿Tienes alguna historia acerca de lo que se comentaba en ese entonces al respecto?.

Señor H: No quiero acordarme de él.

Psicólogo: ¿Realmente pasaban cosas extrañas ahí?..., bueno pero si no quieres tómatelo con calma, no te preocupes, hablemos de otra cosa.

Señor H: Mira, el patas de hilo se me apareció en llamas, de repente lo veo con corbata, con un cuervo al hombro, chucha y tú piensas, ¿quién es este hueon?, chucha yo quedé pa´entro (pa´entro: con un gran temor), ¿qué cagas me he estado pegando? (¿qué cagas me he estado pegando?: se pregunta sobre los errores que ha cometido), me preguntaba. Vi caer una persona de altura, vi morir gente, ahí en ese Mall Temuco, la gente veía al diablo y se iba a piso.

Psicólogo: ¿Oye pero se le apareció a mucha gente?.

Señor H: ¿Sabes lo que es el Mall Temuco o no?, es un cementerio indígena. Cuando removieron la tierra, se encontraron con esqueletos y los muy inteligentes los echaron a la basura en bolsas negras. Además, había mucha brujería ahí, muchos espíritus en la noche, se sentían pasos pero no había nadie, yo trabajé armando varios locales comerciales ahí, adentro en el pasillo sentías movimientos, de repente hacíamos las escaleras de caracol, las armábamos y luego estaban al revés, había que desarmarlas y armarlas de nuevo, y al instalarlas, la misma huea. Así que ahí estuve trabajando día y noche, a pura merca (merca: cocaína), don José que era el constructor que estaba a cargo, nos compró una bolsa con moño de gamba (bolsa de cocaína), a puro ñataso pa´ sobrevivir (aspirando cocaína), mi mujer no tenía ni idea donde estaba su marido, yo estaba trabajando sin parar, cuando llegaba a la casa quería puro dormir eso sí, pero llegaba a mi casa y era lo máximo, cobraba mi sueldo, e íbamos con mi guagua (esposa) a comprar el pedido del mes al supermercado, a llenar el carro para que no falte nada en la casa. Llenábamos de comida el refrigerador, le regalaba su chocolatito a mi señora y además una flor po´.

Psicólogo: ¿Y cada cuanto te ponías un ñataso?.

Señor H: Mira, cada 4 horas nos chantábamos ñatasos, y el viejo (jefe) quería vernos duros (duros: estimulados) pa´ que le hiciéramos la pega (completáramos las metas del trabajo), si la huea de pega tenía que hacerla igual.

Psicólogo: ¿Veintidós años tenías en ese tiempo?.

Señor H: Mira, a los veinticuatro años me casé legalmente y tengo la valentía de decir que yo reconocí una hija legalmente, que no es hija mía, no es mi sangre y yo la reconocí legalmente, va con mi apellido hasta el día que se muera, es mi hija mayor, hace rato no voy a verla, si el papá anda con caña (caña: con consumo de alcohol activo) pa´ que voy a ir a huebiar po´ (hueviar: en este contexto se refiere a "molestar"), es que no me gusta que me vean así.

IV-. *Cosas de familia*

Psicólogo: ¿De qué vamos a hablar hoy?.

Señor H: Llegamos hasta los veinte y algo, bajemos un poco.

Psicólogo: Ya dale.

Señor H: Bajemos a los 17 años, cuando yo era un pendejo y no sabía cómo chucha ganarme la moneda (hacer dinero), tenía que trabajar.

Psicólogo: Meta pega (trabajando constantemente).

Señor H: Meta pega no más, que huea, descargando camiones, sudando y dándole nomas, poniendo el hombro, a cagar (poniendo el hombro, a cagar: trabajando duro).

Psicólogo: Ya me contaste algo de eso, sigamos más adelante…

Señor H: (Rápidamente responde) Ya después de los veinte años me casé y esa huea es loca, fui papá en esos tiempos también. Pero cuando me casé, basilé (basilé: se refiere a haber estado de fiesta) toda la noche, después llegué a la casa de mi madre al otro día y esta me dice, el casado casa quiere, ahí está su cama amarradita, me echó cagando de la casa po' jajajjajj.

Psicólogo: Así de simple.

Señor H: Ya está finá (finá: muerta) mi madre, que en paz descanse mi vieja (él referido mira hacia arriba)…, yapo pero voy a seguir, ahora te voy a contar cuando nació mi hija. Esa vez fui a conocer a mi hija al hospital, yo venía de basilar, había estado celebrando el nacimiento de ella, y la quedé mirando así fijamente, y le dije a mi mujer, "pásamela pa'aca" (pa´acá/para acá: de acercar, entregar en sus manos) mi guagua dos días de nacida, una hueaita chiquitita (chiquitita: pequeña).

Psicólogo: Chiquitita.

Señor H: Chiquitita po´, y le dije, "ven pa´aca, vo cabra chica, te vay a llamar Yessenia", y le dije a mi señora, le pondré este nombre porque será hermosa y así nomás fue, más linda y preciosa mi hija, guapa como ella sola, linda, linda, linda, una cosa preciosa, unos ojos maravillosos.

Psicólogo: Acertaste con el nombre.

Señor H: Para mí es muy bello ese nombre, le cabe como anillo al deo (dedo)…, Siguiendo el relato ahí en el hospital le dije a mi mujer, guagua le dije, "yo me encargo de la familia, voh´(tu) no trabajas más, yo voy a trabajar por la familia y mi hija primogénita, y que Dios bendiga a mi hijita siempre". Y han pasao (pasao: transcurrido) caleta de años y mis hijas están grandes, son ya unas mujeres. Y ahora cuando mi hija mayor me ve, me dice, "apareciste malo de la cabeza", "sipo, aquí estoy po´" le digo. Me quiere mucho, me abraza, me agarra a besos y mis nietos pa´que te digo po´, TATA!! (tata: se les llama de esta manera en Chile a los abuelos de manera cariñosa) te quiero mucho tata me dicen, me abrazan, me agarran a besos, la felicidad pa´ grande. No hay mayor felicidad que esa.

Psicólogo: ¿Ella es tu hija adoptiva?, a la que le diste tu apellido.

Señor H: Si, es la que más me apoya, pa' la edad que tengo, tengo buenos nietos y todos llevan mi apellido, no llevan mi sangre pero no importa, porque son los que más me quieren y yo los amo.

Psicólogo: Son tus nietos.

Señor H: Mira Daniel, recuerdo cuando mi hija tenía 15 años se me rebeló, empezó a decir, "voh´ no so mi papá (tú no eres mi papá)", "mamá este no es mi papá", "voh´ no soy mi papá", cuento corto, le dije hija ahí está la puerta, valla a buscar al hueon de su papá y si el hueon le responde vea usted que hace. Entonces va saliendo de la puerta y se devuelve, me dice "viejo tu soy mi papi", le dije "pa´ que me haces este show", "tú eres mi papi" me dice otra vez, y me abraza mi hija y comienza a llorar…, le dije, "hija, la mami te está esperando con un plato de comida ahí en la mesa, se sirve su plato de comida y de ahí se va dormir, porque aquí techo y comida nunca le va a faltar". "Te quiero papi", me dijo. "Mi amor, yo igual te quiero" le dije.

Psicólogo: Oye a todo esto, ¿cómo se llaman tus nietos?.

Señor H: Ignacia Antonia, Joaquín, Emilio Antonio. Cuando voy a verlos me dejan loco de amor los cabros de mierda. Quiero más a mis nietos que a mis hijos po´.

Psicólogo: ¿Hoy en día es lo que más te llena el corazón de gozo?.

Señor H: Me hace sentir feliz po´, ver a mi Nachita que va a cumplir 10 años, y que Dios me perdone pero esa es mi nieta regalona, yo la amo mucho.

Psicólogo: La Nachita, la regalona del tata.

Señor H: Si po´, estoy vivo que es mi regalona.

Psicólogo: Estimado, mientras me has contado la historia de tu vida, pasamos por Bahía Mansa y también me contaste como conociste a tu mujer, como la lograste seducir y también me relataste acerca de tu trabajo en el Mall Temuco, como aparecía ahí el cola de flecha, como les ponía una bolsa de coca el dueño para que se pusieran a trabajar sin parar y hartos detalles más, ¿con que seguimos?.

<u>**V-. *Los caminos de la vida***</u>

Señor H: Bueno después de eso me fui a trabajar pal´ sur con la misma empresa de construcción del Mall Temuco, pero ahora en Valdivia, en ese lugar me caí de 15 metros de altura.

Psicólogo: ¿15 metros?.

Señor H: Estábamos haciendo el montaje en la maciza en Valdivia y yo gracias a Dios, me enganché en unas hueas de fierro, me fui enganchando para abajo para no sacarme la cresta (sacarme la cresta: accidentarme gravemente) y caí sentado arriba de una viga. Era una planta de reciclaje que estábamos haciendo, y cuando terminamos el trabajo nos dieron 10 días de bajada, eso fue después del 18 de septiembre. Luego de esos días nos fuimos a Puerto Montt a trabajar con la misma empresa y de nuevo la misma huea, de 15 metros a tierra otra vez, pero ahí la gracia es que caímos los 4 que estábamos en los andamios, caímos abrazados y pudimos amortiguar la caída, cuento corto, les dije a todos yo me voy, hasta aquí llegó la huea. Los medios porrazos (porrazos: caídas), ya era mucha la huea, al viejo (dueño de la empresa) le gustaba mandar un soldado al chucho todos los años (entregar un trabajador a Satanás) y yo no quería ser uno de esos.

Psicólogo: Parece que es común en Chile que se hable de que algunos empresarios millonarios tienen pacto con el maligno, y que debe morir uno de sus trabajadores al año. Por lo menos lo he escuchado de más de 4 personas, con diferentes historias, ¿Qué piensas de lo que te pasó en esa empresa?.

Señor H: Mira Daniel, ese viejo (dueño de la empresa constructora) era de una secta, de esos que le gusta mandar gente al chucho y dije noo, yo me voy, regalé mi ropa, regalé mis zapatos, todo lo que me habían pasado allá, y dije, "yo me vuelvo pa´ Temuco". Bueno, con respecto al viejo es de una secta que prefiero no decir el nombre, pero esos pactos que hacen constan en que todos los años tienen que entregar un trabajador…, noooo, nunca más, trabajar ahí no era vida, llegaba a mi casa un par de días y luego me perdía 3 meses sin ver a mi familia, más encima cayendo de alturas y sin paracaídas…, noooo, nunca más dije.

Psicólogo: ¿Y no has pensado que es milagroso que te calleras de esas alturas y estés aquí?.

Señor H: Si po´, me parece milagroso, por eso me vine.

Psicólogo: ¿Y terminaste las 2 caídas ileso?.

Señor H: Nada, la primera vez quedé sentado arriba de una viga y la segunda caímos los 4 juntos, y ni un rasguño tuvimos.

Psicólogo: Es notable.

Señor H: Cuando llegué a mi casa mis hijos me recibieron como rey, fue lo más hermoso, mi señora me preguntaba "¿qué´ vas hacer ahora?". "Trabajar en Temuco, pa´que estar trabajando afuera si casi me muero, tengo mis hijos y voy a ver qué puedo hacer en Temuco", le respondí.

Psicólogo: Volviendo un poco atrás. ¿Era el mismo jefe que tuviste en el Mall Temuco?, ¿el de las bolsas con moño?.

Señor H: El mismo po´, el mismo. Bueno en fin Daniel, he tenido hartas experiencias.

Psicólogo: Parece que has vivido más años de los que tienes.

Señor H: Tengo hartas vivencias Daniel, mira ahora me acuerdo jejeejjje que un día me llama una jefa de Puerto

Montt, "ya mi chiquillo está el camión cargado, venga a buscarlo para llevarme a Temuco", la huea era puro cuento, nos fuimos a Ensenada, nos fuimos a Ramul, 3 meses en Ramul el saco de hueas (saco de hueas: el protagonista refiere que fue un idiota al tomar la decisión de trabajar en esta localidad) y mi familia pa´ variar no sabía dónde cresta estaba yo, era cabro, ganaba 180 lucas (180 mil pesos) en esos años, que no era malo, era plata po´, nos pagaban hasta con billetes de luca (billetes de 1 mil) toda la gamba ochenta, pero puta que la sufría en esos tiempos…, "los caminos de la vida, son muy difícil de andarlos, difícil de caminarlos y no encuentro la salida, los caminos de la vida, no son lo que yo esperaba, no son lo que yo creía, no son lo que yo imaginaba" (canta el Señor H.) los caminos de la vida, son hueas locas que llegan a la mente Daniel.

Señor H: Oye mira Daniel, la finá de mi madre, años atrás, me conversó que trabajó con un gringo que andaban buscando los pacos (Carabineros de Chile: Policía) por que se choreó unos animales por ahí y mi madre me cuenta que él pone una rama frente a ellos y los pacos no los vieron. La huea loca po´ hueon, después se le apareció el cachuo (Diablo) en la pieza y mi madre lo sacó con Biblia en mano cagando pa´fuera (echó fuera de la habitación), los cauros ahora no creen estas cosas, pero la verdad es que si suceden.

Psicólogo: Yo sí creo en esas cosas.

Señor H: El diablo es bonito dijo mi hermano. Hay que tener cuidado.

Psicólogo: Si me contaste en una sesión que tuvimos antes que se le apareció en la cama y que dijo que era bonito…, Mmmm…, Oye algo me quedó dando vueltas, yo sé que existen las sectas, como las que me has mencionado, en

Temuco es conocido que hay varias, pero no tengo idea que es lo que hacen más allá de que se juntan...

Señor H: Adoran al diablo po´.

Psicólogo: Por ahí va la cosa entonces.

Señor H: Adoran al diablo po´ hermano, mira yo no estoy ni ahí con irme al infierno o irme al cielo, pero si el de arriba no me quiere, el de abajo menos.

Psicólogo: No te quiere llevar ninguno.

Señor H: JJAJAJJAJJAJ (risas del referido). Luego de un momento se observa que el Señor H. cambia su cara, a cara de preocupación.

Psicólogo: ¿De qué te acordaste?, porque esa cara.

Señor H: Osvaldo Vidal.

Psicólogo: ¿El amigo tuyo que falleció hace 1 mes?.

Señor H: Me han pasado muchas cosas, mucho dolor, pero bueno hay que afrontarlo y tratar de seguir adelante

Psicólogo: Eso es lo que haces, sigues adelante.

Señor H: Bueno con esfuerzo y sacrificio, algo se puede hacer po´.

Psicólogo: Esa es la actitud.

Señor H: Te conté que fui condenado el 7 de febrero.

Psicólogo: ¿Por qué te condenaron?.

Señor H: Por un mal entendido que pasó y me tuve que declarar culpable po´, mi abogado me dijo declárese culpable para que le podamos quitar la pena. El juez me estaba pidiendo 1 UTM (50 mil pesos aprox.) y tengo que pagar ahora el 15% de 1 UTM. Tuve que declararme culpable sin cometer delito, como es la justicia culia (culia: forma despectiva de referirse a una persona, situación o cosa), chucha hay hueones asesinos, violadores, a mí me huebean (huebean: molestan) y yo no he cometido ningún delito y me cargan de hueas que no he hecho y tengo que afrontarlo.

Psicólogo: El sistema a veces es perverso.

Señor H: Claro, si el mal fuera tiña andaríamos todos tiñosos po´.

Psicólogo: No se salvaría ninguno

Señor H: JAJEJJAJUJ..., (risas espontaneas del entrevistado). Bueno, cambiando el tema, mi ex señora denante hasta me tiró hasta un beso (tirar beso: hacer el gesto de beso tocando la boca con la mano) po´, me tiró hasta un beso y quedé loco.

Psicólogo: Se han ido reparando las cosas entre ustedes.

Señor H: Sipo, para que vea, denante le dije que me dio una parálisis y ella me dijo "cuídate oye", "si yo me cuido mi amor" le dije, y me tiró un besito. Cuando de estos 8 años que estamos separados, no nos mostrábamos cariño alguno, ahora me tiró un beso, hoy, chucha me siento el hueon más feliz de la tierra.

Psicólogo: Bonito.

Señor H: Si Dios quiere, el lunes me pagan, voy a pagar la multa y de ahí voy a Gorbea al cementerio a ver a mi mamá, a ver a mi papá, a ver a mi hermana, dejarles flores, que sean bien bonitas. Después voy a Pitrufquen a ver a mi amigo Osvaldo, a ese yo le regalé todo lo que tenía, vístete, cámbiate todas las hueas que anday trayendo (se refiere a que se cambie de ropa), no importa como quedé yo, pero yo apaño a mis amigos. Pronto rico, pronto pobre, siempre he dicho la misma huea, hoy mismo estuve compartiendo en las micros con unos viejos amigos. El Miguel me dijo, "hermano no tengo ni uno (no tengo ni uno: se refiere a no tener dinero) y estoy cagao de hambre (estar cagao del hambre: tener una sensación intensa de hambre)", "puta hermano ahí hay 5 lucas (5 mil pesos) compremos un tarro de salmón, una cebolla, un poco de pan, inventamos algo, y lo compartimos, y con el vuelto compramos unas chelas (chelas: cervezas)", le dije. Felices los cabros po´, si estaban cagaos de hambre, uno en la vida tiene que saber compartir con quien no tiene, tal vez otro día yo no voy a tener, pero alguien me puede ayudar también.

VII-. *Enterrando lo malo*

Señor H: Cachay que ya en Temuco, sin querer volver a trabajar fuera de Temuco después de las experiencias con ese viejo maricon (viejo maricon: alude al jefe que siente que era canalla), fui a buscar pega (buscar pega: buscar trabajo), habían 40 afuera esperando, y al único hueon que recibieron fue a mí, "¿trajiste los papeles?" me preguntaron, "si acá están", "ya pasa" dijo el que reclutaba, con mi señora no lo podíamos creer, pega al toque (pega al toque: se refiere a que encontró rápidamente un empleo).

Psicólogo: Nunca más saliste a trabajar fuera. Sin embargo, fueron muchos los trabajos que tuviste fuera de tu ciudad natal.

Señor H: Ya no quiero ni acordarme Daniel, hueas locas que me han pasado.

Psicólogo: Creo que eres un sobreviviente de muchas situaciones.

Señor H: Soy un sobreviviente.

Psicólogo: Tu sabes que yo además de ser psicólogo soy creyente, y sabemos que tú también, mi pregunta es la siguiente, ¿me das permiso para dejar de lado mi rol de psicólogo y hablarte como creyente?.

Señor H: Si Daniel, absolutamente.

Psicólogo: Ya.

Señor H: Creo firmemente que el de arriba (el de arriba: hace alusión a Dios) me cuida po´ Daniel, no me quiere todavía en un cajón (Hace alusión a que Dios aun no lo quiere muerto).

Psicólogo: Tal vez tiene un propósito contigo.

Señor H: Puede que tenga un propósito conmigo.

Psicólogo: Hay tiempos a veces donde las cosas se descosen un poco, pero hay otros tiempos donde las cosas se reparan, tu estas en un momento de reparación, ¿o crees que no es así?

Señor H: Si estoy claro Daniel, tengo que hacer muchas hueas en la tierra todavía, porque mira si no me maté la primera vez, ni la segunda, ni la tercera y aquí estoy, pa' conversar las hueas, es que debo tener un propósito.

Psicólogo: Estoy de acuerdo estimado Señor H.

Señor H: Sipo, quizás que sea para mejor, quizás que sea para peor, pero tiene un propósito, conmigo tiene un propósito.

Psicólogo: Los propósitos de Dios siempre son para mejor, aunque a veces los procesos son difíciles, pero sabes lo que dice la ¿Biblia?, dice que Jesús sufrió como nadie en este mundo, nadie ha sufrido más golpes, azotes, y escarnio público, también dice Dios en la Biblia, que todos tenemos que tomar de esa copa amarga que tomó Cristo, a veces nos toca y es difícil, sin embargo los propósitos, aunque sean bajo entrenamientos duros, al final son para algo bueno y más grande de lo que imaginamos.

Señor H: Mira, te voy a robar la palabra Daniel. Como te dije denante, mi ex señora hace 8 años que no me tiraba un beso y hoy me tiró un beso y eso quiere decir que el de arriba me ama po'.

Psicólogo: Sipue.

Señor H: Por eso te digo po´, son cosas bonitas que están pasando, bueno, y gracias a Dios lo que me está pasando. Mira, yo todas las mañana doy gracias a Dios, me levanto a las 6 de la mañana. Lo primero que hago es decir "en tu nombre Señor", alzo mis manos al cielo, en tu nombre Señor, y los cabros me quedan mirando, "este hueon está loco", dicen, les digo, "no estoy loco", yo me encomiendo a él y a nadie más, afuera puede pasar cualquier cosa pero yo estoy con él, y comienzo mi día. Aquí los cabros se cagan de la risa, pero quieren puro salir a tomar (tomar: beber alcohol) y mandarse su pipeño po´ (pipeño: tipo de bebida alcohólica fermentada), yo voy pa´ arriba a movilizarme, hago mis lucas (lucas: dinero) y después si quiero me tomo un copete (tomar copete: beber alcohol).

Psicólogo: Eso de movilizarte y no dejar nunca de trabajar lo encuentro súper bueno.

Señor H: Los cauros no pueden decir nada (se refiere a que sus compañeros que viven en situación de calle como él no pueden hablar mal de su persona), de repente ando con más plata y ahí les paso aunque sea una luca (1 mil), cuando tengo la comparto, cuando no tengo, no tengo no más po´, yo soy así, ayer mismo como te dije fui a las micros donde los cabros y andaban cagaos de hambre y les dije, "cabros yo les comparto". Me recuerdo en ese tiempo cuando andaba en el arranque de papas…

Psicólogo: ¿Y qué es el arranque de papas?.

Señor H: Escapar de la justicia po´, arranque de papas, yo en esos tiempos de prófugo jujujujj me fui a trabajar a Maullin, ahí estuve 4 meses, de ahí llegaba hasta Penco, yo ganaba 380 lucas en ese tiempo, le dejaba 70 lucas a mi hija y el resto pa´ basilar no más, cuento corto llegó una tarde que me quedaban mil pesos y le dije, "Miguel, mira me queda una luca, anda a comprar dos cervezas, te ganaste la Lotería", y las tomamos en las micros, no importa quedarse pato (quedar pato: significa quedarse sin dinero), hoy no tienes pero mañana sí.

Psicólogo: ¿Que micros si se puede saber?.

Señor H: Son micros viejas (micros: taxi-buses) dentro de un sitio abandonado, ahí tengo la 4, tengo la 2, tengo buuuuuu, cualquier micro vieja, y ahí duermo po´, tengo colchonetas, tengo frazadas.

Psicólogo: Estay armado y equipado.

Señor H: Si po´, si no llevo nada, Miguel me tapa po´.

Psicólogo: Oye y en esos tiempos cuando venias para Temuco de Maullin y le pasabas dinero a tu hija, ¿despúes te ibas a las micros pa' basilar ahí?´.

Señor H: Si pó, era pa´ basilar ahí, hacíamos discos (carnes fritas), hacíamos asaos (carne asada al carbón), hacíamos cuantas locuras ahí, fumábamos pito (fumar pito: en Chile fumar pito es fumar un cigarro de marihuana), merca, le hacíamos a todas las hueas ahí.

Psicólogo: ¿Entre los amigos?.

Señor H: Si po´, entre los amigos ahí, pa´ que andar con mentiras po´, yo fui merquero (consumidor de cocaína), fumador de marihuana, le hice a todas las hueas, aspire hasta el neopren po´ (neopren: tipo de pegamento utilizado en Chile para drogarse al inhalarlo, altamente tóxico para el ser humano), agorex, todas esas hueas, una huea loca, 3 meses aspirando neopren en el norte.

Psicólogo: ¿Cómo dejaste el neopren?.

Señor H: Mira es una huea loca, de repente estaba aspirando, porque esas hueas se aspiran en bolsas, y en mi vola (vola: se le llama en Chile al periodo de tiempo en que la persona esta drogada) dije hasta aquí no más, hice un hoyo con mis dedos y enterré la huea, nunca más.

Psicólogo: Dicho y hecho.

Señor H: No aspiro más dije, nunca más, era.

Psicólogo: Sabes que, yo de ti quiero destacar algo importante, porque ya te conozco bastante, varias cosas de tu vida, te he visto cómo eres, como te desenvuelves, pero me he fijado que eres un hombre de decisiones, tu no dices las cosas de la boca para afuera, tú dices las cosas y las haces, de palabra, con decisiones firmes, con carácter y esto se refleja en distintas situaciones de tu vida, con tu hija no biológica por ejemplo, quisiste hacerte responsable de tu hija y lo hiciste pero de por vida po´, si no es una cuestión de un día, es pa´ toda la vida y tú lo hiciste y hasta el final, la palabra es hasta el final.

Señor H: Yo siempre he dicho, se rompe, se raja, a cagar no más (se rompe, se raja, a cagar no más: son dichos populares en Chile que hacen alusión a la toma de decisiones firme, sin miedo).

Psicólogo: A cagar no más…, lo has hecho en muchas situaciones de tu vida.

Señor H: Mira yo fume marihuana 33 años, hasta que un día dije no fumo más, no fumo más y no fumo más, cigarro si fumo, no te lo niego, y trago igual, me chanto mis copetes (chantar copete: beber bebidas alcohólicas), no te lo niego, pero la marihuana, el neopren, la pasta, la merca, esas hueas ya se fueron todas a la chucha ("se fueron todas a la chucha": el entrevistado hace referencia a que con todas estas sustancias psicoactivas nombradas logró la abstinencia total).

Psicólogo: Están todas enterradas, eso es bueno, mira yo me di cuenta que cuando tu decidiste dejar el consumo de alcohol también te mantuviste firme mucho tiempo de una forma impresionante.

Señor H: Tengo fuerza de voluntad po´.

Psicólogo: Tienes fuerza, tienes un empuje interior fuerte.

Señor H: Tengo fuerza de voluntad po´.

Psicólogo: Tomas decisiones, y las puedes seguir tomando para bien, de aquí en adelante.

Señor H: Así lo haré Daniel. Ahora que terminamos esta parte del libro voy a seguir recordando mis vivencias para empezar a hacer la segunda parte, Señor H., la secuela.

Psicólogo: Está diciendo que sí.

Señor H: Así fue mi camino..., "los caminos de la vida, son muy difícil de andarlos, difícil de caminarlos y no encuentro la salida...".

Psicólogo: Quería preguntarte primero, ¿cómo estás?, ¿cómo te has sentido?, ¿qué tal este día?.

Señor H: Doy gracias a Dios primero que nada, me ha dado salud y vida, le doy gracias también porque me da la opción de desenvolverme y tratar de rescatar algo, unas monedas o alguna otra cosita. También agradecido del Hogar de Cristo (Institución que le brinda hospedaje a personas en situación de calle en Chile), ya que acá tengo una cama, tengo una ducha, doy gracias a Dios por todo eso, aunque con cuea (con cuea: con suerte) nos den desayuno se agradece, luego de eso hay que ir a moverse para hacer la monea pa´almorzar.

Psicólogo: ¿Y cómo te ha ido con eso?, ¿en cuanto al dinero?.

Señor H: Algo se rescata, para que te digo, cuesta, pero se logra rescatar algo, yo apatronado no puedo trabajar porque mis antecedentes los tengo como el pico (como el pico: en malas condiciones), disculpando la palabra, pero trato igual de moverme con alguna monea, mira yo se trabajar, pero no puedo desenvolverme en lo que sé, por mis cagas de papeles (papeles: se refiere a sus antecedentes penales). Esa es la verdad. Si yo voy a una empresa con mis antecedentes me mandan la pura patá en el hocico (hace alusión a que no lo tomarán en cuenta) y me echan cagando pa´ fuera, más encima tengo que ir a sacar al cajero automático unas cagas de moneas que me da el gobierno y hasta el cajero me manda una patá en la raja (patá en la raja: patada en el trasero) porque no hay plata. Son unas cagas de moneas (cagas de monedas: poco dinero), lamentablemente no puedo trabajar como yo quiero. Igual mañana recibo unas luquitas y aprovecho de ir a ver a mis nietos, a propósito de ellos, te caíste ahí en el capítulo anterior del libro, tres nietos me pusiste y son cinco. La Ignacia, Kako, el Beña, la Meña y el Milo.

Psicólogo: Algo pasó, pero ahora va a quedar clarito po´.

Señor H: Seguro, en capítulos anteriores lo hablamos mal, también te dije que cuando me paguen mis moneas voy a ir a ver a mis nietos, a mi mamá y a mi hermano, y tú le pusiste hermana, y a la Quintrala no quiero ni verla, quiere hacerse dueña de todas las cosas.

Psicólogo: Mmmm…, errores de digitación, eso de la

Quintrala, se me pasó, discúlpeme joven.

Señor H: Tranquilo el perro, por eso te digo, era mi hermano, no la Quintrala pero mira, nosotros conversamos hasta los 22 años y me quedan 30 años para hablar todavía, pero eso cuando empecemos de lleno, porque ahora estoy haciendo una especie de introducción no más po´ Daniel, y me gusta conversar contigo, la pulenta (la pulenta; la verdad). El otro día cuando fuiste a la pieza y me despertó el Pablo, yo estaba cagao de sueño (cagao de sueño: con mucho sueño) cachay, venia súper cansado porque me cuesta pa´ hacer unas moneas, más encima la feria canalla, camine por aquí, por allá, y no estaba bueno el día, estaba más cansado que la cresta (agotado), por eso ese día cuando me viniste a visitar en la noche a la hospedería, te dije "permiso Daniel, lo siento mucho pero estoy cagao de sueño, me voy al sobre (irse al sobre: ir a la cama a dormir) a recargar este esculpido cuerpo".

Psicólogo: Tranquilo, entiendo.

Señor H: Ese día anduve caminando en La Feria Pinto (Feria Pinto: lugar de la ciudad de Temuco reconocido por ser la locación donde pululan las personas sin hogar) de acá pa´ allá, de acá pa´ allá, tratando de hacer una monea, pero no me iba bien, machetié (machetear: pedir limosna) pero las personas no se auspiciaron (auspiciaron: dieron dinero) mucho que digamos, terminé cabriao (cabriao: enojado), ya no tengo 20 años, por eso que solo deseaba dormir y no te pesqué (pesqué: tome en cuenta).

Psicólogo: Me di cuenta y te dije "tranquilo vaya nomas a recargar ese cuerpo esculpido y ese rostro griego", lo hacemos el lunes.

Señor H: Yo no quería ni moverme de la cama, estaba muy cansado y le dije al Pablo, "ya déjame piola no más (déjame piola: déjame tranquilo)", a mí me cuesta un kilo (un kilo: bastante) pa´ quedarme dormido y chucha cuando me quedo dormido no quiero que me hueveen po´, ahí después me costó como una hora más para quedarme dormido, me cuesta mucho dormirme, me muevo para acá y para allá, para la derecha y para la izquierda.

Psicólogo: Si demás (demás: entiendo) jaja, pero a veces cuando estas dormido no te despierta nada, puede pasar un camión minero al lado y tú no te inmutas. De hecho, ese día que te vine a ver y te traje los ejemplares de lo que habíamos avanzado del libro estabas en el mejor sueño de tu vida, así que te dejamos piola, igual tratamos de despertarte un poco, pero después dijimos, "no vámonos". Estábamos con el Italo esa noche.

Señor H: Nooooo, yo cuando me quedo dormido no me despiertan ni los pacos (pacos: policías) Daniel, pero cuando me paquean (paquean: fastidian) cuando estoy a punto de quedarme dormido, me dan los monos (me dan los monos: mi actitud se torna rabiosa), en ese momento si me van a hueviar, me pongo bélico (me pongo bélico: me torno agresivo).

Psicólogo: Entiendes que ahora se vienen otras vivencias más a relatar, y hay temas que a mí me gustaría abordar de tu vida, pero quiero que tú le des el orden, que fluya de forma natural.

Señor H: Las secuelas le puse, no hay atao (no hay atao: no hay problemas), me quedan como 30 años aun por contarte, vidas pasadas, mundos paralelos y todas esas manos (todas esas manos: forma callejera en Chile de referirse a la expresión, "todo eso").

Psicólogo: Tenemos material entonces, como te decía yo quiero que tú ordenes la historia como se te venga en gana, aunque no te miento, igual tengo en mente algunas historias que ya me contaste y me gustaría que estén presentes, como cuando andabas payaseando (payaseando: trabajando como payaso callejero).

Señor H: Mira Daniel, tranquilo el perro (tranquilo el perro: con esta frase hace un llamado a la tranquilidad), tu eres el interlocutor, tú me haces las preguntas y yo te las respondo, disculpa si digo chuchas (chuchas: groserías) pero ese es mi modo de conversar.

Psicólogo: Auténtico pue´, no hay problema.

Señor H: Así converso mis realidades, como son no más, bueno y tiro chuchas, soy un hueon que tengo 5to básico (nivel de estudios), no tengo vergüenza en decir las cosas, por ejemplo hace un par de horas estaba en calle Balmaceda, en los contenedores, echando una mea (echando una mea: orinando) y un hueon me chanta un pinchón en una pierna (chantar pinchón: acuchillar superficialmente con arma blanca).

Psicólogo: ¿Un pinchón con un cuchillo?

Señor H: Sipo, con una cuchilla.

Psicólogo: ¿Que bicho le picó?.

Señor H: Se enojó porque estaba meando ahí.

Psicólogo: ¿Y quién es ese sujeto?.

Señor H: Un hueon no más (un hueon nomas: dentro de la jerga callejera en Chile, quiere decir que es una persona sin importancia), lo amarré con los pacos (lo amarré con los pacos: lo delato con la policía), un paco me dijo, "a ese hueon le hemos quitado cualquier cuchillo", yo le dije, "mire jefe ese gil (gil: persona de poco valor) me chantó un pinchón en la pierna y yo no soy sapo (sapo: en la jerga callejera en Chile hace referencia a una persona que tiene tendencia por delatar a otros con las fuerzas policiales), pero mire, na´ que ver (na´que ver: situación injusta), usted sabe que todos meamos ahí", sipo me dijo el paco, "vamos a proceder inmediatamente a requisarle el arma".

Psicólogo: Más peligroso que mono con navaja.

Señor H: Más peligroso que un mono con lanza cohetes el culiao, yo le dije a los pacos y me dijeron, "no te preocupes, lo vamos a ir a buscar inmediatamente" cachay, el hueon me sacó el medio cuchillo, me dijo, "anda a mear pa´ allá" (anda a mear pa´allá: le solicita que orine en otro lugar) cochino chemimare (cochino chemimare: sucio sujeto de poco valor) y me mandó el puntazo, "¿o querí que te la ponga en el zoronca (zoronca: corazón)?", me dijo, "¡colócamela en el corazón po´ hueon!, aeeer si te da la pana (aeeer si te da la pana: a ver si tienes el coraje)", le respondí.

Psicólogo: ¿Qué hizo?.

Señor H: Se cagó todo el hueon (se cagó todo: se defecó, no tuvo el coraje…), me pasa cada cosa Daniel, no me falta que contar.

Psicólogo: Eso que es solo hoy día no más. Oye me estabas hablando de tu forma de expresarte y yo agradezco que seas así, espontáneo. No sé si te diste cuenta que en los primeros capítulos los relatos están escritos tal cual, creo que es parte de la esencia de tus vivencias.

Señor H: Ese que tu escuchas, ese soy yo, tal cual po´.

Psicólogo: Tal cual.

Señor H: Ese soy yo cachay, el mismo que viste y calza, y no pretendo ser otro, quizás antes me daba vergüenza quien era yo, hasta alguna vez en mi vida me presente con otro nombre, pero he aprendido que este soy yo, con lo poco y nada y mucho que tengo, poco y nada en lo material, pero esas son hueas (esas son hueas: eso no tiene importancia), pero mucho en el corazón Daniel, y eso es lo que vale.

Psicólogo: Si obvio, de hecho eso es lo que más me ha llamado la atención de tus relatos, que están llenos de colores y valores en el fondo.

Señor H: Yo doy gracias a Dios, doy gracias a la vida, que a la edad que tengo, tengo salud y vida, aunque tenga el puro pico y las hueas (pico y las hueas: pene y testículos), tengo vida y salud, y todos los días que yo salgo en las mañanas de aquí de la hospedería, me dicen, "este hueon esta cagao de la cabeza", y otras hueas, pero doy gracias a Dios porque tengo un día más de vida y los cabros se ríen de mí, "este hueon está loco", y no po´, yo no estoy loco, agradezco al de arriba, que tengo vida, que puedo caminar, que puedo machetiar pa´ hacer la monea, y me rescato pa´ comer humildemente mi plato de comida y después llegar bien a descansar acá al Hogar de Cristo.

Psicólogo: A todo esto, ¿cómo te quedó tu pierna?.

Señor H: No fue pa´ tanto (fue poco el daño), me pinchó no más, otros me han colocao hasta puñalas (colocado puñalas: propinado puñaladas), así que no me caliento la cabeza con el puntazo que me propinó el piante (piante: persona que está un poco loca) ese.

IX-. *El más buscado*

Señor H: Sabes que con mi hija regalona (regalona: preferida) hace como 8 años que no nos hablábamos.

Psicólogo: ¿Con Yessenia?

Señor H: Hace poco tiempo, pal´ día del padre ella tuvo la idea de juntarse con su hermana y buscarme, fue muy bonito, me llevaron a comer, estuve con mis nietos, la Nacha y con el que no pusiste en los primeros capítulos del libro, la pasamos súper bien, agradecido de mis hijas, yo no podía creerlo, estaba con mis dos hijas y mis dos nietos, la Nachita como siempre me hace cualquier locura y me lleva regalos, me hizo una carta hermosa, para que te cuento lo que dice, pero se la pasé a mi ex señora para que me la guarde. Le dije "mira que carta más linda que me hizo la Nacha, mi nieta hermosa", es tan lindo lo que me escribió.

Psicólogo: Puro corazón.

Señor H: Si, me deseó un feliz día del padre, puso que era el mejor tata, fue hermoso ese día, super hermoso. Nunca pensé en el día del papá, no estaba ni ahí (no estaba ni ahí: no le daba importancia), pero como mis cabras se motivaron no las iba a decepcionar po′, si yo soy el rey de los hueones para decepcionar jejejjje y ahí dije "no, yo voy a estar con mis hijas, me buscaron casi una semana y no me encontraban", pensé, "siempre el más buscado es el menos encontrado".

Psicólogo: Yessenia cambio de actitud, ella ahora te está buscando, algo cambio.

Señor H: Quiso reconciliarse con su papá po′.

Psicólogo: Eso es bueno.

Señor H: ¿Será porque fui tan mal padre con ellas?.

Psicólogo: Te buscan por que desean mostrar el afecto que te tienen.

Señor H: Anduvieron las dos buscándome por ahí, mis hijas, hechas y derechas, son maduras ya, no son na' pollitos de 14 o 15 años, ya son mujeres, si mi hija mayor tiene 29 años, la otra 27. Y así fue mi día, me quisieron regalonear (regalonear: entregar cariño), después me estaban entregando plata y ahí les dije que no, que yo también tenía plata, me sacaron cualquier foto, parecía modelo, mijito rico (mijito rico: hombre con fama de ser bien parecido y tener gran sexapil), tanta foto que me sacaron.

Psicólogo: Maravilloso.

Señor H: Si sé que soy hermoso, el manso mino po´ jajjajj, enserio, fue un lindo este día del padre con mis retoños (retoños: forma cariñosa de hablar de los hijos/as en Chile).

Psicólogo: ¿Quieres comentarme algo más acerca de este reencuentro?.

<u>*X-. Historias de un Rigger.*</u>

Señor H: En realidad, mira, a mi mente se me han venido recuerdos del pasado y quiero narrar una historia Daniel, que no te había contado, esto fue en el año 2004, cuando estuve trabajando en Torres del Bosque (Torres del Bosque: edificio de la ciudad de Temuco). Era un día sábado como a las 1 de la tarde, estábamos almidonando los entre techos con Chambeco, un amigo de Pedro de Valdivia, el amarraba el capacho (capacho: objeto utilizado en obras de construcción) para sellar al vacío, luego me entregó el capacho y como yo era capachero en ese tiempo, me dijo "que pasa si levanto un capacho lleno y otro vacío", entonces se escucha un ruido violento y yo rápido doy un paso adelante y el capacho cae detrás de mí, alcance a dar el paso, fue el manso pastelito, salve la humanidad por un pelo (se salvó de herir su cuerpo), me afeito esa cuestión.

Psicólogo: ¿Cuantos kilos eran?.

Señor H: Fueron 1.500 kilos. Me cae toda la cuestión encima, Chambeco baja corriendo y yo estaba blanco como papel. Chambeco me abraza y me dice "hermano, hermano, ¿qué te pasó?", y yo le dije, "nada hermano, alcance a dar un paso", "chuta", me dijo Chambeco, "si te hubiera caído eso encima no estaríamos hablando en este momento", y claro, así es, lo más raro es que el cable que lo sostenía se cortó liso, parejito. Después de eso andaba trabajando cagao del miedo (cagao del miedo: con intenso miedo).

Psicólogo: No es para menos.

Señor H: Para otra vuelta con el Lorito, trabajando en el piso 15, me dice "hagamos un movimiento, quiero sacar el esquinero que está ahí, me sirve", dijo el Loro, "ya po'", le digo yo, "engánchalo y lo comenzamos a mover", mi amigo comienza a mover la grúa a la derecha y paaa!!..., la misma huea otra vez, se nos cortó el guinche de nuevo, cuando voy a ver a los cabros que estaban abajo haciendo los departamentos, los veo debajo de los alineadores, entre medio estaban los cabros escondidos, no lo podíamos creer, la misma huea otra vez, por ese guinche, Alberto me dijo, "yo me bajo de esta huea, no quiero morir, yo me bajo, sabes". El golpe se escuchó del piso 15 hasta el subterráneo.

Psicólogo: Gran estruendo.

Señor H: Pesaba como 70 kilos, si yo quedé helado, quedé helao, helao. Hasta el constructor llegó arriba al piso 15 desde una oficina del cuarto piso, llegó corriendo por las escalas, "¿qué pasó?" dijo, yo le respondí, "Ese guinche otra vez se cortó".

Psicólogo: Accidentada la cosa.

Señor H: Más accidentada la huea, en la misma construcción dos accidentes en un periodo corto po', en un lapso de dos meses, a este viejo le gustaba construir cuatro pisos por mes.

Psicólogo: Cuatro pisos.

Señor H: Si, cuatro pisos por mes, cuando se volvió a cortar el guinche yo no lo podía creer, estaba con el culo a dos manos (con el culo a dos manos: estar impresionado pero a la vez con un intenso miedo).

Psicólogo: En ese empleo tenías mucha responsabilidad.

Señor H: Si po´, si yo era el Rigger, yo era el que coordinaba todos los movimientos de la grúa y ahí dije no, no trabajo más de Rigger, al menos que sea una grúa como la gente.

Psicólogo: ¿Qué le pasaba a la grúa?.

Señor H: A esa le decíamos la abuelita nosotros po´, cuando la grúa levantaba parece que se quejaba, crujía la huea. Mas encima parece que tenía hasta alzheimer, estaba pa´la caga (estar pa´la caga: estar en condiciones deplorables).

Psicólogo: Tenia harto trajín la abuelita.

Señor H: Shhhh…, había carreteado (carreteado: haberse ido de fiesta) más que yo po´.

Psicólogo: Cosa seria la abuelita.

Señor H: Después de todo eso me fui a trabajar a una nueva construcción, al frente del Jumbo, no me gustó la empresa porque más lo que paqueaban (paqueaban: supervisaban con control excesivo). Después volví a Torres del Bosque y tampoco duré mucho ahí, entonces me fui a trabajar al Pajenrri (cambio con jocosa intención de nombre del edificio por palabra que alude a la masturbación masculina) como le decíamos nosotros, ahí teníamos que sacar todas las cargas de la vereda y eso sí que era un hueveo más o menos, no encontrábamos como bajar las cargas. Teníamos el edificio y al otro lado los cables de alta tención. Trabajábamos en un par de metros no más, el José no me veía a mí, ni yo a él, y yo le dije, "ya José, hemos cortado cualquier cable ya y no tenemos plomo", "ya" me dijo, "mi punto de referencia va ser la torre que se ve en el cerro". Teníamos dos lucas, que son los 2 mil kilos que se estaban cargando. Todo eso lo conversábamos por boquitoqui. Ya a cagar no más, "tercera abajo" le dije, "va bajando, de a poco, lentito, ese es el plomo, vamos bien", y llegó bien. Un día hicimos un movimiento muy bonito con ese hueon.

Señor H: ¿Edificio Don Henry?, ¿frente a la segunda comisaria de Carabineros?.

Señor H: Si, ahí mismo…, Entonces Daniel como te contaba, llegó el escopaje pa´ la grúa en 3 tiempos. Eran 6 metros más que teníamos que subirla. Dos mitades cada uno y me acuerdo que el Carlos Navarrete, pidió cortar la calle porque era un movimiento complicado que teníamos que hacer, habló con los pacos y cortaron la calle.

Psicólogo: ¿Para darse un tiempo para hacerlo con más calma?.

Señor H: Claro, porque ahí teníamos que sacarlo desde la calle con el José, este me dijo "oye papurri (papurri: forma cariñosa de referirse a un amigo) son 1800 kilos, colócale las lingas", ya, amarré los 6 pedazos, le puse las 2 lingas, asegurando el chancho po´ (asegurar el chancho: asegurarse que lo que se realizará será bien hecho), y le digo "ya papurri a cagarse ha dicho (a cagarse ha dicho: Chilenismo para referirse a la decisión de realizar una acción peligrosa)", "cuando pase la palmera y los cables me avisay", me respondió. Estaban los pacos y unas decenas de personas, todos al aguaite (al aguaite: forma campesina en Chile de decir que se está colocando atención).

Psicólogo: Estadio lleno.

Señor H: Algo así se podría decir, "ya primera arriba, primera arriba, primera arriba", y no pasa na' (no funciona bien) con el elastino, se había doblado, "¡oye papurri que te calentay (que te calentay: no te estreses) dale nomás!" respondió José. "Ya primera arriba, primera arriba, primera arriba", y empieza a levantar de a poco, y con la grúa toda encorvada.

Psicólogo: ¿La abuelita?.

Señor H: No la abuelita ya era (ya era: forma en que en los barrios bajos de Chile, se le llama a un persona o cosa que falleció o ya no sirve), esta grúa era cotota (cotota: de buena calidad), y yapo se empieza a levantar el peso y me entra el alma al cuerpo, yo le decía "de a poco, nadie nos apura, ya pasamos la palmera, entra carro, entra carro, llega a las 4 lucas, llega a las 4 lucas", y lo subimos al cuarto piso. Hicimos el medio movimiento, los pacos nos aplaudían después, si igual fue un movimiento complicado que hicimos en ese lugar.

Psicólogo: Salió bueno.

Señor H: Si salió bueno, la gente nos aplaudía, yo le apretaba el botón a la radio y le decía "mira como nos aplauden, si somos pulentos (pulentos: en la jerga callejera significa ser dignos de respeto), somos pulentos José". Ahí trabajaba hasta las 1 de la mañana, ganábamos buena plata pero era sacrificado el trabajo.

Psicólogo: Esta pega de Rigger supongo que es complicada. Tienes que estar con la atención al 100%.

Señor H: Sabes Daniel, hay que ser inteligente, todo uno lo aprende mirando, nadie te va a enseñar cómo se hacen las hueas, todo se aprende mirando, hay que aprender y hacer las cosas correctamente y con cariño, pa' una vuelta hubo un camión de hormigón parado como dos horas, cuando lo que más puedes tener parado un camión ahí son 30 minutos, más que eso no se puede. Le dije al jefe, "oiga, convídeme algo para que coma el operador, dale mi colación por último", "no, si hay más", me dijo. Mi colega tenía hambre, y con ese camión más encima parado. Mi jefe se dio cuenta que algo pasaba y fue a poner orden, y mi compañero comió algo, a eso me refiero con hacer las cosas de manera correcta y con cariño Daniel.

Psicólogo: Da gusto escuchar eso. Oye a todo esto, ¿cómo llegaste a convertirte en un Rigger?.

Señor H: Mirando, trabajé como capachero primero en el edificio Las Raíces y de repente había un movimiento bien complicado, estaba mi compañero más o menos como en el piso 12 y había un Rigger que mandaba arriba, y yo abajo como capachero. Había que llevar un guinche completo y trasladarlo al lado de atrás del edificio. Yapo, llegó el camión con el guinche, "¿qué tengo que hacer yo?" pregunté, "tienes que decirle que baje", me dijeron. Pero yo no era Rigger po´, pero siempre se puede aprender. Puse todo lo que correspondía al guinche y con puras señas lo subimos, teníamos que pasarlo por una entrada demasiado estrecha, una entrada de vehículo. Se habló con la gente que transitaba por el lugar, y se le dijo que nadie entre ahí porque se estaba realizando una maniobra peligrosa, y como dije, lo hicimos a puras señas.

Psicólogo: ¿Te habías aprendido esas señas observando?.

Señor H: Sipo, todas, saca carro, entra carro, baja primera, baja segunda, baja tercera, corta (cada una de las maniobras mencionadas la ejemplifica con su respectiva seña).

Psicólogo: Primera, segunda y tercera, ¿son cambios de velocidad?.

Señor H: Claro, esa es la velocidad, la grúa arriba tiene dos joystick.

Psicólogo: ¿Alguna vez operaste una maquina desde arriba?.

Señor H: Si, aprendí algunos movimientos, hice bajar el gancho, sacar el carro, entrar el carro, todo esto en frente de la Mutual de Seguridad, donde estuve en una grúa a 50 metros de altura, no es que me sienta orgulloso de esto, ya que más encima estábamos frente a la Mutual de Seguridad, pero era puro fumar pito en esa grúa.

Psicólogo: ¿Fumaste marihuana dentro de la grúa pluma?.

Señor H: Fumé arriba con el operador, también se apellidaba Rivera, pariente le decía yo, venga pa´ acá pariente, arriba nos inyectamos (inyectamos: drogamos) y empezábamos a hueviar, movíamos la grúa pa´ todos lados, como si fuera una máquina de video-juegos.

Psicólogo: Ese era tu compañero de trabajo.

Señor H: Era mi compañero, el operador. De ahí me salí también por mi ojo, con un ojo ni veía, me decían que me mandarían a la Mutual y me estaban puro paquiando, me retire no más.

Psicólogo: ¿Le hacías el quite a los exámenes médicos?.

Señor H: Sabía que iba a cooperar (cooperar: iba a perder el trabajo por los resultados que arrojarían los exámenes médicos).

Psicólogo: ¿Aunque el trabajo lo hacías bien?.

Señor H: Si, por algo me contrato mi jefe de obra que en paz descanse, sabía que yo era guerrero para todo, era un buen jefe ese, era bueno.

Psicólogo: Era buen jefe, ¿y qué le pasó?.

Señor H: Le dio cáncer, que le vamos hacer, jefe como el no voy a encontrar de nuevo.

Psicólogo: ¿Cuantos años trabajaste con él?.

Señor H: Fueron 7 años.

Psicólogo: Bastante tiempo igual.

Señor H: Era buena onda el viejo Daniel, la verdad de las cosas, era buen chato (buen chato: buena persona), a ese lo conocí en el edificio Cordillera, el que está al frente de la plaza de los milicos. Después me fui al Raíces, después a la Clínica Alemana, después a Valdivia, después a la Cosalco, luego a Puerto Montt, de Puerto Montt me volví a Temuco, si yo no era flojo hermano.

Psicólogo: Si me he dado cuenta que siempre estás trabajando en algo, siempre descargando camiones, vendiendo confites.

Señor H: He descargado camiones, que no he hecho, he limpiado pescados, lo que sea, he cargado camiones con papas, me he ido a trabajar pal´ sur, pal´ norte.

Psicólogo: O sea, no le tienes asco al trabajo.

Señor H: Si, todos los trabajos son honrados, yo no le hago asco a ninguna pega, he vendido confites, he vendido helados, he vendido hasta marihuana.

Psicólogo: ¿Marihuana y coca?.

Señor H: "*Marihuana con coca, pa´ las patas fragantes (patas fragantes: persona con pie de atleta o mal olor en sus pies), autorizado por la PDI (PDI: policía de investigaciones de Chile), OS7 (OS7: departamento de drogas de la policía de Chile) de Carabineros, la Municipalidad y también por los Civiles (Civiles: hace alusión a policías encubiertos), ¡marihuana con coooooca!* (canta la canción que utilizaba para vender sus productos en la calle, cremas para el cuerpo hechas en base a marihuana e hojas de coca).

XI-. *El que salva una vida, salva al mundo*

Amigo 1 (Señor P.): Daniel acá viene a conversar con nosotros, como sabemos están con el Señor H., haciendo un libro de su vida, una vida muy importante, ha vivido muchas cosas. Hace 3 días atrás llegó Mario a convivir con nosotros, así que bienvenido Mario. No me gustó que durmiera en una colchoneta, por eso se le sede una cama al caballero. ¿Y tú, cómo te llamas?.

Amigo 2 (Señor J.): Yo soy el que te salva a ti po´.

Señor P: Daniel ¿supiste esta historia?, cuando me estaba ahogando en el río y me salvaron.

Psicólogo: Esa historia se virilizó por todo Temuco po´.

Señor J: Este hueon, cuando andas agonizando me dices, "ohh mi amigo", shhhh…, si no ni me pescas (no me das atención).

Señor P: Yaaaaapo pero hablemos en serio, bueno le voy a contar lo que pasó ese día que casi me ahogué. Era verano, estaba bonito el día, íbamos varios, como 15 personas pal' río, pero no solo a bañarse, unos cocinaban, otros pelaban papas, todo en conjunto, y este chistoso dice, "vamos para allá, donde está más hondo el río po'", y eligieron ese lugar para acampar, era bien bonito, arboles verdes, pastito, bueno la cosa es que yo veo cruzar un amigo para el otro lado del río y pensé, "si el cruzó, ¿por qué no voy a poder cruzar yo?", "pan comido" dije, y con puros bóxer nadando ahí (bóxer: tipo de ropa interior masculina), y al otro lado gritan, "¡oye el Señor P. se está ahogando!, ¡se está ahogando!", y yo seguía nadando como podía, trataba de sacar la cabeza pa' afuera pero me hundía más, pensaba en ese momento, "mira donde vine a morir", ¡me entregué a Dios po'…!, y no sé cómo el Señor J. cruzó, se tiró por la corriente y me sacó.

Señor J: Yo estaba del otro lado del río po', igual bien lejos, pero como yo sé nadar bien, no es por ser cachiporra (cachiporra: persona que resalta exageradamente sus cualidades positivas), me tiré por la corriente a salvarlo.

Señor P: Se lanzó por la corriente y llegó al lado mío, yo me estaba ahogando, no resistía más, y sentí que me agarró del pelo, del brazo, no sé cómo, pero me sacó y me tiró pal' otro lado más encima.

Señor J: Es que por ahí era más fácil ponerte a salvo, estaba más cerca, era más fácil para mí llevarte por ese lado del río.

Señor P: Viste, como te quiero a ti lo quiero a él, él me salvo la vida, aquí hay una conversación bonita.

Señor H: Ohhh, en pleno verano, en bóxer, río, ahogo, salvación, me pase toda la película, toda la película.

Señor J: Después le dije al Señor P., atravesamos para el otro lado, yo veía una plumavit que estaba flotando ahí.

Señor P: Después que me salvó le dije, "vuelve a comer con los cabros, yo me voy caminando". Agarré lo único que tenía, mis bóxer rojos, caminé por las espinas y la tierra del lugar en pleno verano y llegué a la calle, al puente viejo, me tocaban la bocina los vehículos, "¡pí, pí, pí!". Pasé a una casa, grité "¡aaaaaaaaaalo!". Salió una señora, "oiga dama disculpe, vengo del otro lado, me tiré al río y perdí todas mis cosas, ¿mire cómo ando?, ¿no tiene algo que me regale?". Me regaló de todo, ropa, hasta unas chalas.

Psicólogo: Bieeeen.

Señor P: Así que me vine caminado, y llegué en la tarde al Hogar de Cristo y los cabros se demoraron en llegar al hogar, yo ya me estaba enojando.

Señor J: Buuu, nosotros lo estábamos esperando en la plaza, no sabíamos que se había dado la vuelta hacia la hospedería.

Señor P: Hermano, que Dios te bendiga, me salvaste la vida, él me salvo la vida, es como un ángel, porque no solo me salvo la vida a mí, también se la salvo a otra persona.

Señor H: Harto guatón (guatón: gordo) el ángel sí (risas de los que estaban en la habitación).

Señor P: No se cómo no se ahogó conmigo, si tiene más guata que poto (tiene más guata que poto: tiene más panza que trasero).

Señor J: A los 9 años aprendí a nadar, en unos pozos, y ahí aprendí a nadar bien. No es de cachiporra, una vez fuimos a la playa en el norte y entraron 4 amigos míos al agua, estos se metieron bien adentro del mar, después el mar se comenzó a revolver y yo estaba durmiendo po´, y un amigo me dice, "¡oye los cabros se están ahogando!", yo estaba medio dormido, me metí por la parte donde no había tanta ola, y les gritaba "¡ya cabros métanse por acá!, ¡vengan por acá!", y como pude ayudé a mis amigos y salieron todos ilesos, y el salvavidas después me echó la retá (echó la retá: le reprendió), me dijo enojado, "¿por qué se metió?", "porque sé nadar, por eso me metí", y sin decirle ninguna grosería le dije que sabía nadar, "oye los cabros están afuera, no es nada malo, ¿acaso te hubiera gustado que les pasara algo malo?", me dijo "no", y yo dije "¡entonces po!´".

Psicólogo: Una vez escuché decir a una persona con la que trabajamos en un programa de drogas e infracción de ley, Jorge es su nombre, le dicen el capellán, es un hombre de Dios. Él relató una historia de una joven, y dijo esta frase que me quedó dando vueltas, "el que salva una vida, salva al mundo".

Señor H: Voy a seguir conversando mis vivencias. El 2005 quedé sin trabajo. ¿Qué me quedaba?, seguir boxeando con la vida, "¿cómo hago lucas?", me preguntaba. Necesitaba generar plata pa´ la casa. Le dije a mi señora, "guagua pásame $500 pesos", y me iba para la vega (vega: feria de puestos comerciales de frutas y verduras), y mira, fue un cueazo (cueazo: golpe de suerte), me compré dos cigarros y me encontré un amigo y me dijo "¿pa´ dónde vas?", "a la vega", le dije, "yo te llevo en mi camioneta". Llegué a la vega, viendo si podía rescatar una moneda y en eso me encuentro un conocido, "¿don Ricardo como esta?" le dije, "bien y usted", me respondió, "bien acá buscando peguita", "mira justo me falta uno" me dijo don Ricardo. De cabeza arriba del camión (de cabeza: rápidamente). Descargamos. Me hice 17 lucas (17 mil pesos). Llegué a la casa y mi señora me dice, "¿cómo te fue?", "Bien mira, me gané estas monedas, ahora me voy a bañar y voy a vender helados". Yo era enfermante con esa huea, "pero amor, como vas hacer eso, descansa un poco", me decía mi esposa, "tengo que trabajar, voy a ir a vender helados", e iba po´, me iba muy bien. Así me daba vueltas, trabajaba en la mañana en los camiones, me iba a duchar y almorzar a la casa y después me iba a vender helados.

Psicólogo: Te vez emocionado, ¿qué pasa?.

Señor H: Mira Daniel, esto es bonito, como te conté, el día del papá del 2019 fue una cosa hermosa, la pulenta (la pulenta: la verdad) Daniel, no me lo esperaba, me buscaron una semana en la feria, días buscándome, todos me decían, "te andan buscando tus hijas en la feria", tantos años sin hablarle a la Yessenia, y con todos mis nietos, y se me tiran encima cuando me ven, me abrazaban. Fue una cosa hermosa, me invitaron a comer, que felicidad más grande, la vida es hermosa, "¿qué quieres comer?", me preguntaron, "quiero guatitas, con eso soy feliz". Ellas pidieron unas tablas, y lo pasamos muy bien, la Nacha se me tiraba encima y me decía tatita te quiero mucho, ¡qué cosa más linda!. Mis nietos son mis segundos hijos, ellos a veces preguntan por mí, "¿dónde estará el tata que no viene?". Me aparezco de vez en cuando con una cosita para ellos, jamás con las manos vacías.

Psicólogo: Algo ya habías comentado antes de ese encuentro, puedo darme cuenta que fue una experiencia que te dejó el corazón llenito.

Señor H: Uffff…, así es, ya no quiero llorar. Bueno, y volviendo a lo anterior, cuando trabajaba en la vega hubo un tiempo que me puse a trabajar con un compadre de Curicó (compadre: amigo íntimo). Nos pagaban 15 lucas la descarga, pero nosotros en puras propinas ganábamos 30 lucas. Los domingos no trabajaba para estar con mi familia, yo despertaba temprano el domingo, hacíamos un asado, hacíamos un disquito, algo rico, yo a mi señora le pasaba todo lo que ganaba, pero mis propinas nicagando (nicagando: jamaz). Hacíamos unos discos ricos, con todo tipo de mariscos y carnes. Mi mujer me decía, "amor, ¿de dónde sacas plata?", "de la billetera pó", le decía yo, y le pasaba unas lucas para que le comprara bebidas a los cabros chicos (cabros chicos: niños). "Cómprame una caja de vino, cigarros y un chocolate para ti".

Psicólogo: Como rey.

Señor H: Mira sin mentirte no tenía disco en la casa, tenía una cocina de 6 platos, le ponía la bandeja del horno y ahí preparaba todo, hacia un volcán con todo lo que tenía, y lo tapaba con hojas de repollo. Yo le decía a mi ex señora, "amorsito tengo listo el disco", poníamos la bandeja en la mesa, y les decía, el que quiera comer, que coma, aquí no hay empleada, cada uno se sirve, y no faltaba el invitado de piedra (invitado de piedra: individuo que llega sin ser invitado) . Cerrábamos el boliche pa´ que nadie nos moleste (boliche: tienda comercial de barrio). Con mi mujer en ese tiempo teníamos un emprendimiento en la casa, comprábamos frutas y verduras baratas en la vega, y las vendíamos en la casa. De repente con las carnesitas listas y "pa pa pa", querían comprar fruta po´, no faltaba quien llegaba a comprar, "¡oooooh!, llegamos a buena hora", me decían. Hacíamos cualquier cosa los fines de semanas. Una vez me pasó algo muy chistoso, me puse a cocinar un cerdo al horno y me faltaba unos de los principales ingredientes, el orégano, ¿chucha donde encuentro orégano?, de repente veo una cajita que tenía mi señora en la ventana y la pesco y digo ya, acá hay orégano, abro la tapa, agarro un puñao y se lo mando adentro po´, chucha, me quedo observando la huea y me doy cuenta que no era orégano, ¡era yerba mate hueon! (hierba mate: hojas de yerba de una planta que se encuentra en las cuencas de los ríos de Paraná, Paraguay y el curso superior del río Uruguay, con las que luego de secar y cortar se pueden preparar infusiones calientes).

Psicólogo: jajajajj.

Señor H: Me pegué el cagazo (cagazo: error), "voy a quedarme callao no más (callao: en silencio)" pensé. "¡Ya está listo el chancho a comeeer!", les dije. "Oye amorsito que te quedo rico, rico olor, que estaba bueno", me decían, y yo haciéndome el hueon no más (hacerse el hueon: actuar con inocencia de manera intencional, consiente de la culpa o dolo). Todos lo encontraron rico, "Mito que le echaste, la cago el chancho pa´ weno (la cago el chancho pa´weno: estaba delicioso el cerdo)", me decía mi ex mujer, "un ingrediente secreto po´, el cariño, yo cocino con cariño", les decía. Conversamos y nos divertimos toda la tarde con mi familia, después nos fuimos acostar a dormir, y mi guagua (mi guagua: mi pareja) me preguntaba, "amor, ¿cuál es tu ingrediente secreto?", y yo le digo, "guagui, te vas a cagar de la risa (cagar de la risa: te defecaras de la risa), mi ingrediente secreto es yerba mate", y se larga a reír.

Psicólogo: Inventaste una receta nueva.

Señor H: Al menos quedo buena la huea.

Psicólogo: Recuerdos de la familia.

Señor H: Mira Daniel, esa vida yo nunca la voy a olvidar, nunca la voy a olvidar.

Señor H: Esto fue el año 2010, pal´ terremoto, la Nacha era un bebe, yo todo cagao de miedo, no podía ni hablar, y en el marco de la puerta nos quedamos todos, la parte más resistente de la casa. Se sintió fuerte, nosotros todos nos cuidamos unos a otros, abrazándonos. Luego miramos si algo se había caído, y lo único que se mandó abajo, fue una taza de té, le dije a mi guagui, "tenemos que juntar agua, mucha agua, porque se va a cortar (corte de agua: cese del funcionamiento del suministro de agua potable)". Terminamos de llenar los envases con agua y esta se corta. Estuvimos salvados pa´ tomar cafecito (salvados: asegurados), y no faltaban en la puerta, "vecino, tiene agüita que me convide", "no tengo agua, si la cortaron" respondía. Me decían, "tengo hijos", y ahí el corazón de abuelito se ponía sensible y les convidaba agua. Después ya empezaron a llegar más y ya no podía dar más, teníamos que hacer mamaderas de leche pa´ la Nacha, para tomar nosotros, lavarnos la cara, las manos, los dientes, es vital, sin agua no hacemos nada.

Psicólogo: Recuerdo que fueron varios días sin agua.

Señor H: Mi ex señora me decía, "eres inteligente", "mi amor" le decía yo, "cuando llegue la luz y el agua voy a volver a trabajar".

Psicólogo: Así viviste el 27F (27F: Terremoto de gran intensidad que sacudió Chile el 27 de febrero del año 2010, causando múltiples estragos en el país).

Señor H: Siempre como te digo, preocupado de la familia. Acá tengo unas fotos y unos dibujos que me hacen mis nietos (saca de su billetera distintas hojas con dibujos y mensajes afectuosos que le regalaron sus nietos y nietas).

Psicólogo: Están muy lindos.

Señor H: En mi billetera los guardo, no boto nada, guardo todas las cosas que me hacen, mira no sé lo que es este, pero tiene corazones, es algo bonito (muestra un dibujo en el cual hay un cumulo de corazones pintados de rojo).

Psicólogo: Se nota que son tus tesoros.

Señor H: Son los tesoros más grandes que tengo. Bueno después del terremoto seguí trabajando en la vega, ese año mi ex señora juntó puras monedas de $500 pesos y me llama y me dice, "ehhh oye mira mi botella, tengo 50 lucas ahorradas, ¿qué hacemos con ellas?", "no se po´, es tu plata, lo que usted gane es suyo", le decía, "¿me rajo con algo (me rajo: te invito algo)?" me preguntó. Perdón Daniel, me emociono cuando la recuerdo (le caen lagrimas mientras intenta seguir hablando con dificultad).

Psicólogo: Esta bien, llorar es de hombres también, es refrescante para el alma.

XIV-. *Payaseo*

Señor H: Cuando la selección de futbol de Chile ganó la copa de los 100 años, nos fuimos al Pollo Huaso (Pollo huaso: restaurant de la ciudad de Temuco) con mi hermano (hermano: está utilizando la palabra hermano para llamar a un amigo entrañable) José Araneda que en paz descanse. Harto lo quise al viejo culiao, con dos banderas de Chile en mano, una cada uno, con una caja de vino, dele echando la talla (echar la talla: hablar de cosas graciosas), de pronto paramos el show. Contamos las monedas. Hicimos 90 lucas, 45 mil pesos para cada uno. Fue una noche llena de alegría, quedamos curaditos (curaditos: en estado de ebriedad), armando show, pero show en buena (show en buena: un espectáculo callejero lleno de humor, sin peleas ni escándalos). Lo pasábamos bien, lo extraño al viejo. Fue un buen compañero que tuve (compañero: en este contexto se refiere a un amigo que también se encuentra sin hogar, con el que se acompañan y sobreviven día a día). Por eso ahora Manolo camina solo no más, no camino con nadie más (Manolo camina solo: quiere decir que no desea otro compañero y prefiere caminar por la ciudad solo).

Psicólogo: ¿Ustedes andaban por todas partes juntos?.

Señor H: Para todos lados Daniel.

Psicólogo: Tengo entendido, por lo que cuentan los demás, que ustedes payasiaban, que se ganaban plata de payasos acá en Temuco.

Señor H: Sipo, payasiabamos, inventábamos rutinas con mi compañero y despúes las actuábamos. Empezábamos a jugar (jugar: en este contexto quiere decir "actuar") y nos caía plata. Esas rutinas para mí son sagradas y no quiero payasiar con nadie más, porque con mi hermano hacíamos nuestras rutinas, nos reíamos y despúes salíamos a la calle, y era algo lindo de verdad. Me da pena hacer las rutinas, es un recuerdo que guardo en mi corazón, porque fue un gran payaso al lado mío. De hecho me han invitado para andar de payaso otra vez, y yo digo "no", yo nunca más payaseo.

Psicólogo: Colgaste el traje de payaso.

Señor H: Respeto a mi compañero, lamento tanto que se fuera, ojala Dios lo tenga en su Santo Reino, pero fuimos buenos payasos en la calle, buenos compañeros, lo quiero mucho, lo echo de menos, si ahora ando solo po'.

Psicólogo: Tenían como cierta complicidad ustedes, yo recuerdo que una vez me contaste que uno decía algo y al otro le fluía la respuesta y armaban una historia cómica ahí mismo.

Señor H: Cuando improvisábamos todo en el momento salía bonito igual, la gente nos aplaudía. Era peluseo neto (peluseo: se le llama "peluseo" a realizar humor callejero), más que payaseo la verdad, pero lo hacíamos con estilo.

Psicólogo: Tenían su sello propio.

Señor H: "Ya Araneda, ¿queda vino?" le decía, "queda poquito (poquito: pequeña cantidad), ¡yaaaa payasiemos mejor será!", respondía él. Empezaba la función callejera con mi compañero, robábamos sonrisas. Fue un tiempo bonito que estuvimos juntos con mi amigo, cuanto sufrimos, cuanto lloramos.

Psicólogo: Por lo que cuentas, se nota que vivieron buenas y malas experiencias.

Señor H: De repente no teníamos que cosa comer,

estábamos hualles (hualles: en la jerga callejera quiere decir "no tener dinero", haciendo referencia a un árbol común en Chile que generalmente se encuentra con muy pocas hojas) y no nos faltaba como hacernos la monea. Machetiabamos, "tengo unos parches" me decía, "vendamos parches po´" era mi respuesta (comúnmente en Chile las personas sin hogar venden parches curita en la calle). Comíamos, o comprábamos una promo pal´ frio (una promo: se refiere a las económicas promociones que venden en Chile de una botella de algún destilado junto a una bebida gaseosa), dependía de la situación. Y me pasa que ahora me lo he pillado (pillado: encontrado) varias veces en la calle, le digo, "déjame tranquilo viejo culiao", siempre lo veo.

Psicólogo: ¿En sueños?.

Señor H: En la calle despierto, "que me anday penando (penando: asustando en forma de fantasma) viejo culiao" le digo yo, se da la vuelta y parte. Son cosas locas.

XV-. *Se termina el show*

Psicólogo: Me acuerdo que cuando te conocí me dijiste que te decían el marihuana con coca.

Señor H: *"El único, el único, el único, autorizado en Temuco por la PDI, OS7, Carabineros, Inspectores Municipales y también por los Civiles, ¡marihuana con coooooooooca!"* (Con entusiasmo el señor H. canta, ríe y baila la canción con la que vendía sus productos en la calle).

Psicólogo: Hay mucha gente acá que te conoce como marihuana con coca, por el sector también te reconocen con ese nombre, en algún momento me enteré que sacabas muchas risas cuando vendías en el sector Feria Pinto tus productos.

Señor H: Robaba sonrisas po´.

Psicólogo: Y ganabas dinero.

Señor H: Obvio que sí.

Psicólogo: ¿Cómo partió eso?, ¿quieres contarme?.

Señor H: Esto comenzó un día que andaba con unas monedas y un amigo me dijo, "hueon tengo un contacto al que le podemos comprar cremas que se llaman marihuana con coca, dan 5 por luca (5 cremas por mil pesos)", yo le dije "yapo (yapo: confirmación) ahí tení 3 mil quiero 15", y me dijo, "no si el vendedor me dio 4 por luca no más, me cagó (me cagó: alude a que fue estafado por él vendedor) ". Se estaba enredando, pero saqué las cuentas y le dije "listo, bacan (bacan: estupendo, maravilloso, genial)" y le compré 12. Y salgo a la calle a laborar y dije, "chucha, ¿cómo lo hago?". Nunca había vendido cremas, en ese instante se me ocurrió la canción, *"marihuana con cooooooca, marihuana con cocaaaaa"*. "¿Cuánto vale?", la gente preguntaba, contestaba "$500 pesos y dos por $1000" ya "dame dos" decían, "dame dos más", y más y más, y las vendí todas. "Voy a buscar más pomadas" pensé yo. Al rato llegué con marihuana con coca, reuma huesito (reuma huesito: crema para aliviar los dolores de huesos), óxido de zinc. Y comencé a cantar, *"reuma huesito pa´ los caiquitos (caiquitos: se refiere a los adultos mayores, ancianos), óxido de zinc pa´ los patas fragantes, autorizado en Temuco, por la PDI, 0S7, Carabineros, Inspectores*

Municipales y también por los Civiles, marihuana con coooooooca", y me aplaudían hueon, me llevaron hasta la Argentina con esa huea, estuve en Argentina, en Arica, en Santiago, me grabaron y no me pagaron ni un peso, pero me hice famoso con esa canción. Hasta los pacos se reían.

Psicólogo: Tenía su cuota de humor la canción.

Señor H: Después de eso empecé con los cubanitos. Daniel esa huea me dejó loco (esa huea me dejó loco: hace referencia a que se sorprendió gratamente). Estaba sin trabajo y me acerqué a Fruna (Fruna: empresa Chilena de confites reconocida por ser el lugar donde compran los vendedores ambulantes o callejeros) y le pregunto a un vendedor, "¿qué puedo vender?", "cubanitos" me respondió, "ya dame dos cajas". Salgo a la calle, y empecé a gritar, "¡llegaron los cubanitos!", "¡en caja llegaron los cubanitos!" y le ponía weno (le ponía weno: se motivaba por vender aquellos confites llamados "cubanitos"). Vendía como 18 cajas y me salvaba. Segundo, tercero cuarto día, me iba la raja (me iba la raja: en este contexto quiere decir que su negocio era todo un éxito), quinto día, cagué (cagué: el negocio dejó de ser rentable), andaban todos los hueones vendiendo cubanitos en la calle (todos los hueones: hace alusión a que un sinnúmero de vendedores callejeros vendían lo mismo que él). Cagó la fiesta, voy a Fruna otra vez a comprar. Chucha, quedé pensando, "¿oye que puedo vender?", le pregunte a un dependiente, "estos chocolates" me respondió, apuntándome unos chocolates crocantes. Cuento corto, compré dos cajas. La pura pasa (los vende rápidamente). Empiezo a darle y me pasa la misma huea. Una semana la trabajé a lo magnate y después cagué (nuevamente todos los comerciantes ambulantes estaban vendiendo lo mismo). Así es la huea. Son vivencias. Pero bueno, hay vueltas en la vida, he visto gente millonaria, que eran ricos, juntando latas hueon, juntando latas, metidos en los basureros.

Psicólogo: La vida tiene cambios.

Señor H: Mucha ambición al dinero hermano no es buena, imagínate que en mi bolsillo tengo 4 lucas (4 mil pesos), mañana puedo tener más tal vez si Dios me lo permite. Pronto rico, pronto pobre.

Psicólogo: ¿Me decías que el negocio de los cubanitos y otros dulces se fueron a pique (se fueron a pique: dejaron de ser fructíferos) por que otras personas empezaron a vender lo mismo que tu?.

Señor H: Siempre es así, es cosa de ver los Haitianos

(Haitianos: hace alusión al gran número de personas inmigrantes de Haití que llegaron a Chile, y que en la ciudad de Temuco venden centenares el mismo producto en la calle "barra de chocolate llamada: Super 8"). Mira yo agradezco mucho a mi amigo Juan Carlos, a esta altura ya estaba separado, no sabía que vender y el Charli me llama y me dice, "te tengo un dato bueno", y me dice, "en el Alvi la caja de Chocman está en oferta". Estaban a precio de huevo, 80 cajas me llevé. "Ya Charlie ahora traigo 80 cajas más", 160 cajas y "ya pongámosle Charlie". Saqué los Chocman a la pasa, a $100 pesos. La pura pasa. Ocupaba su bodega como mía, gané cualquier plata.

Psicólogo: ¿Y todavía venden?.

Señor H: Ya no, ahora trabaja en Agrosuper (Empresa que se especializa en la venta de carnes), anda disfrazado de pollo el hueon (risas espontaneas del Señor H.). ¿Sabes por qué le puse Charlie?, él se llama Juan Carlos y le puse Charlie por sus hijas, tiene 3, por los Ángeles de Charlie. Tiene unas hijas preciosas, y quedó como Charlie poo´.

Psicólogo: Oye…

Señor H: Oyo.

Psicólogo: ¿Cuánto tiempo duró el marihuana con coca?.

Señor H: Un año. En un año lo reventé, hasta que no faltó el hueon que salió a vender la misma huea. Pero nunca vendieron como vendía yo. Tengo mi chispeza (chispeza: brillo propio, astucia), pero no se dio más, aparte tampoco quería estar siempre como los hueones vendiendo cremas, negocios son negocios.

Psicólogo: Vas adaptándote a los cambios como buen negociante.

Señor H: Exacto. Para otra vuelta del sol, en víspera de fiestas patrias, no sabía que huea vender, me llamó un amigo y nos pusimos a vender helados de agua. Nos costaban 37 pesos y los vendíamos a 100. "Vamos al desfile, tu por acá, yo por allá, esta huea es la pura pasa", le dije. Había mucha gente y hacia una calor brigida (quiere decir un calor insoportable). Los vendimos y fuimos rápido a comprar más, vendimos también el resto y nos hicimos harto billete. Salí con 10 lucas y llegué a la casa con 70 mil en mis bolsillos. Con tanto sol me enfermé, estuve con fiebre pa´ la caga tirao (pa´la caga tirao: recostado en la cama a mal traer). Mi ex señora me cuidaba, me ponía unos paños fríos, "ya anda a meterte a la cama otra vez", me decía. Me tenía super consentido. Ahora ella es mi amor platónico.

Psicólogo: Ese relato habla del amor que se tenían, del cuidado del uno al otro.

Señor H: Mira Daniel, yo a mi señora nunca voy a olvidarla, estamos separados, eso no lo discuto. Estoy orgulloso de verla trabajando y esforzándose día a día en la Feria, vendiendo café y té y sus cositas. "Mi guagua" le digo yo, "¡no soy tu guagua!", me dice, jejej así están las cosas, na´ que hacer.

Psicólogo: ¿Por qué apuntas hacia tu cinturón?.

Señor H: Este cinturón que traigo aquí, me lo regaló mi señora cuando estábamos pololiando (pololiando: relación amorosa), a la edad de 18 años. Ahora tengo 52 años, y aquí está el cinturón.

Psicólogo: Increíble, el cinturón pa´ bueno. Me imagino que le das otro valor, se nota que lo cuidas.

Señor H: Para mí es un aprecio único, es un regalo que me hizo mi ex señora cuando era mi polola y aquí lo tengo, y siempre lo tendré, porque ella me lo regaló con afecto.

Psicólogo: Más que lo material es el cariño lo que valoras.

Señor H: Sipo, me recuerda su cariño. Y eso viene del corazón.

XVI-. *Eligiendo la calle*

Psicólogo: Voy a partir preguntando, ¿cómo estás?.

Señor H: Gracias a Dios que estoy bien, estoy con salud, estoy con vida que es lo más importante, chucha plata no tengo, pero soy feliz igual.

Psicólogo: ¿Cómo estuvo tu día?.

Señor H: Reguleque no más (reguleque: regular), y bueno, qué le vamos hacer, si es una por otra. Pero como siempre tengo un montón de historias guardadas que contarte.

Psicólogo: Dale.

Señor H: Era otoño y el Chambeco estaba de capachero aéreo, con ese loco estábamos enojados ese día. Me devuelve el capacho, yo lo engancho y le hago las señas que correspondían. En eso doy un paso y el capacho cae en mi espalda, atrás mío, cargao con 1.500 kilos. También cae la catalina que es la huea con la que uno engancha el capacho. El Chambeco bajo corriendo, "hermano, hermano, ¿cómo estas"?. Yo más blanco que una pantruca (pantruca: plato típico de la gastronomía Chilena, hecho en base a trozos de masa de harina, sal y agua, que absorben el sabor de un caldo de carne o verduras), Chambeco me abrazaba, me besaba la cara. Vieras cómo quedó el capacho todo hecho pedazos y chucha obligado a subir a la torre de altura para ayudar a recoger el cable, igual con su dosis de miedo porque la torre estaba terrible vieja y mala. Era la mismísima abuelita po´, con artrosis, problemas a la tiroides y hueas. En ese tiempo tuve tantas experiencias con la muerte que parecía que el cachuo me andaba buscando hueon (cachuo: diablo).

Psicólogo: Como me habías contado antes, es riesgoso trabajar de riger.

Señor H: Fue por lo mismo que después cuando quedé sin pega me puse a buscar pega en otras cosas, no importaba que tenga que vender helados, vender confites, la huea que sea, descargar camiones, pero menos prestar el chico (prestar el chico: de manera cómica hace alusión a prostituirse alquilando su trasero), cualquier otra huea, pero no me podía cagar de hambre (cagar de hambre: hace referencia a sentir una intensa sensación de hambre). Mi señora quiso volver a trabajar, y yo le dije, dale no más, un apoyo más, mientras yo encontraba pega, ella vendía café en la feria. Cachay que a ella le empezó a ir bien y chucha, yo estaba ahí como cafiche (cafiche: en Chile se le dice al hombre que vive a expensas de su pareja), yo sin trabajo y ella parando la olla en la casa (su esposa cumpliendo el rol de proveedora). Me estaba urgiendo y ahí de repente me llegaron los buenos vientos y pude trabajar nuevamente, descargando camiones y cuidando posturas de tomates en la feria.

Psicólogo: ¿Posturas?.

Señor H: Mira pa´cuidar una postura yo tiraba neumáticos en la calle, a la orilla de la calle y el que se quería ganar ahí hablaba conmigo, siempre querían las puntillas y yo siempre cuidaba las puntillas, había un viejo que llegaba de Valdivia con camión y carro, ese viejo pagaba 5 lucas, y poco a poco me empecé a armar de plata otra vez. Llegaba de amanecía a la casa, mi señora no sabía que estaba haciendo, yo trabajando, inventando hueas pa´ ganarme el sustento.

Psicólogo: Utilizando espacios, ingenioso mi chiquillo.

Señor H: Era mi espacio, el que se quería colocar ahí hablaba conmigo, a veces 2 o 3 lucas cuando eran camiones, los locos me pagaban, yo les cuidaba la mercadería, aguja.

Psicólogo: Nadie se metía ahí.

Señor H: Nadie po´, hueon pero no tonto. Así se saca adelante la familia, con sacrificio, por eso que siempre me acuerdo de mis hijas, mis cabras y siempre van a estar en mi corazón, por otra parte está el Kako, ese loco tiene 25 años, creo que está trabajando de reponedor en el supermercado "El Trébol". Qué bueno que esté trabajando el hueon, el mañoso ese.

Psicólogo: Del Kako no hemos hablado mucho, una vez me dijiste que era grande.

Señor H: Es tremendo de grande ese hueon, buena cacha hice ahí (buena cacha: quiere decir que tuvo "buen sexo" con la madre del Kako), me salió grande mi hijo. Dios me perdone, yo igual lo quiero, es mi hijo, es mi sangre, pero él no quiere nada con su papá. Algún día se dará cuenta que su papá dio todo por él. Si me pegué un cagazo ya es hora de que me perdone po´, nada más que eso, pero si no me puede perdonar a mí, yo no lo puedo perdonar a él. Tenemos que dejar el orgullo de lado y los rencores y perdonarnos mutuamente.

Psicólogo: A veces el tiempo ayuda a sanar las heridas y disolver el rencor mi chiquillo, el tiempo.

Señor H: Mi hijo me dijo, "si yo te encuentro botado en la calle, ni un vaso de agua te voy a dar", con ese rencor po´, hijo le dije, "no sabes lo que estás hablando, soy tu papá". "Tú ya no eres mi papá…", me respondió. Ahora no soy nada para él. La verdad que no fui perfecto, no deberían darme un premio al papá del año pero tampoco fui tan malo. Me saqué la cresta (sacarse la cresta: esforzarse) por mis cabros. Usaba los pantalones manchados y rotos para que ellos pudieran andar bien vestidos, de repente no te miento, le compraba zapatos usados pero no alcanzaba para más, tenía que pagar arriendo, luz, agua, las cuentas, comida, no era tío rico para ir a la tienda y comprar todas las hueas que querían. Después cuando me estabilicé empezamos hacerla bonita (hacerla bonita: las cosas comenzaron a andar sobre ruedas), los tenía a todos bien vestidos, tapizados, a mi Yesenia le compré unos zapatos más lindos, yo más feliz, ella guagua y aprendiendo a caminar con unos zapatos Hushpuppies.

Psicólogo: Oye, y tú me dijiste que con la Yesenia estuvieron peleados varios años, ¿cuántos fueron?.

Señor H: Como 8 años más o menos.

Psicólogo: ¿Cuantos años llevan enojados con el Kako?.

Señor H: La misma fecha. Fue cuando me separé. No me separé con mi señora porque la dejara de querer, yo me separé porque mi hijo quería mandar más que yo y no trabajaba, con suerte se levantaba a lavarse la cara y a echar la mea (orinar), flojo, no lavaba su plato, no sacaba la basura, no era capaz de hacer ni una huea, ahí discutimos y llegamos a los golpes, me levantó la mano, yo le iba a poner un combo bueno, me tenía que defender, ¿cómo un hijo le va a pegar a su papá?. "¿Te diste cuenta lo que hiciste Kako?, ¿te diste cuenta?", "le levantaste la mano a tu papá, en la biblia dice, honraras a tu padre y a tu madre, lo dice Diosito, yo te puedo disculpar, pero el de arriba no, con él te tienes que arrodillar y pedirle disculpas".

Psicólogo: ¿Qué pasó después?.

Señor H: Ya que le gustaba tanto mandar, me fui de la casa, "yo me voy, porque aquí yo no doy más, no sirvo pa` ni una huea…", les dije. Una camisa me acuerdo, un pantalón de mezclilla, un par de zapatos de seguridad, me cagaba de frío esas noches, nos tapábamos con un cubrecama con un amigo que también tenía problemas en su casa, cagaos de frío, despertábamos a saltos a las 5 de la mañana. Al otro día fui en la tarde a dejar plata a la casa, mi guagua me dijo "pasa" y yo "no, tengo mi plata para que me la guardes, saco un poco de ropa porque me cago de frío en la calle y me voy, no es que no te quiera, pero me voy, Yerco (Yerco/Kako) quiere mandar más que yo", y me fui. Caminé no más, a la calle, ahí me hice amigo de Miguel, el de las micros, ese me apañó, "como vas a estar durmiendo en la calle hueon, quédate aquí, se viene tiempo malo, quédate ahí tranquilo no más", me dijo. En las tardes tenía que rajarme (rajarme: invitar a los demás) con alguna cosa, porque los cabros eran malos pal′ agua (malos pal' agua: quiere decir que sus amigos eran alcohólicos). Compraba y vendía hueas, me las arreglaba de alguna manera pa′ llegar con algo y llegaba a las micros, con carne de vacuno, pollo, vienesas, cualquier huea no más, y hacíamos una comida para todos, la compartimos, comprábamos una chela (chela: cerveza), unos cigarros, era la rutina de esos tiempos.

Psicólogo: Volviendo a lo del Kako, ¿sientes que lo perdonaste?.

Señor H: La verdad es que a mi hijo lo he perdonado, no sé cuántas veces ya, porque es mi hijo, es mi sangre, lo perdono, pero él no me quiere perdonar, me salió reacio, que le voy hacer, es su modo de pensar, tal vez algún día me perdone, por ejemplo la Yessenia cuando se enojó conmigo se dio cuenta después que yo no era la persona que pensaba, nos abrazamos, yo le dije, "te amo mucho", ella también me lo dijo y nos abrazamos, aún lo recuerdo, "te amo papi", me decía. Ahí estaba yo durmiendo en la plaza y me despiertan, "Papá, papá, papi", yo quedé pa' dentro (quedé asombrado), "despierta papi, querí ir a comer algo?". Yo le dije que no tenía plata, porque tengo que juntar para ir a ver a los nietos y llevarle ricos (ricos: golosinas). Ella me dijo, "papá no tomes tanto", yo le dije, "pero si no estoy ebrio hija, tengo sueño, yo despierto todos los días a las 5 de la mañana para salir hacer plata", "ya papi, ¿necesitas plata?" me dijo, "no hija, estoy recién pagado" le dije, "no te preocupi mi amor, ¿nos reconciliamos hija?", "si papá", me dijo. Nos abrazamos y nos pusimos a llorar.

Psicólogo: ¿Que sentiste después de eso?.

Señor H: Una felicidad muy grande, me falta el Kako no más, el difunto de mi papá le puso Kako, se llama Yerco él, y mi papi le puso Kako y quedó así. Tengo a mi Yessi, a mi Katia y mi Kako, tenían sobrenombres todos.

Psicólogo: ¿Cómo era tu papá?.

Señor H: Más borracho que yo.

Psicólogo: ¿y cómo era físicamente, su personalidad, como se llamaba o como lo describes tú?.

XVII-. Ni ahí con niuna huea

Señor H: Mi querido viejo, maestro mueblista, cascarrabias como él solo, por eso el Kako salió así, salió a su abuelo.

Psicólogo: Lo que se hereda no se hurta dicen por ahí.

Señor H: Me acuerdo que una vez el finado de mi papá estaba en una silla trabajando con un mueble y se corta, el dedo le quedó colgando, y lloraban en la casa y él dijo "traigan una sábana para acá hueones, que tanto lloran", se amarró el dedo y se hecho una mea (se orinó la herida).

Psicólogo: ¿Se orinó el dedo?.

Señor H: Sipo, "pa´ que no se infecte" dijo, se mandó la mea en el dedo, se amarro la huea y era.

Psicólogo: Era un poco bruto.

Señor H: Que ese era más bruto, no estaba ni ahí con ni una

huea (no le tenía miedo a nada), no iba al hospital ni a médico. Me acuerdo cuando me dio una paliza a los 15 años, esa fue la última paliza que me dio mi papá. En ese tiempo lo acompañaba todos los domingos a vender mesas y máquinas pal´ campo y yo como trabajaba de lunes a sábado en la feria, quería solamente descansar. Si ya tenía 15 años y trabajaba todos los días y le dije, "no voy a ir". Rápidamente este viejo me destapa, saca el cinturón del closet y me empieza a pegar a puro hebillazo, mi mamá le decía "¡deja al cabro!", no paraba, "¡llora!" me decía él, "¡llora!", me dejó la espalda pal copy (pal copy: en malas condiciones), toda herida. Al final me quedé con mi mamá, mi papá pescó sus cosas y se fue, ahí le dije a mi mami, "ya mami, ahora voy a llorar", y recuerdo que llorando dije, "esta va ser la última vez que mi papá me pega". Mi mamá me cuidaba, me limpiaba con agua de matico (matico: planta con propiedades medicinales, entre ellas la cicatrización) para sanar las heridas que me dejó mi papá en mi espalda. Trabajaba de lunes a sábado y sentía que tenía derecho a descansar un día, pero el viejo salía con que hay que ir a vender esto, que hay que ir a comprar madera, que hay que ir al campo, que cortara su huea po (cortara la huea: en este contexto quiere decir que su papá detuviera el abuso), si él se tomaba toda la plata (tomaba toda la plata: gastaba todo el presupuesto del hogar en la ingesta de bebidas alcohólicas), por eso salía yo a trabajar a la feria.

Psicólogo: ¿Tú sostenías los gastos de la casa?.

Señor H: Yo paraba la olla (parar la olla: ser el proveedor del hogar).

Psicólogo: Los viejos antiguos eran muchos así.

Señor H: Mi viejo tenía buenas manos para trabajar, pero se tomaba todo, no estaba ni ahí con la casa, con los hijos, no le importaba ni una huea, ni pagar luz o agua, ni que había que comprar comida, ni una huea le importaba, se tomaba toda la plata, el solo quería chupar (chupar: ingerir licor), y mis hermanos pa´ que te digo, la misma huea, mi hermano mayor bueno pa´ la mierda (bueno pa´la mierda: asiduo consumidor de OH), mi otro hermano, que en paz descanse, igual se escapaba por la ventana cuando le pagaban, para irse a cheliar (cheliar: beber cervezas). Yo por mi parte hice hueas locas pa´ sobrevivir, que no hice para poder sobrevivir Daniel. Menos choriar (choriar: robar), y de obrero sexual, menos.

Psicólogo: A propósito ayer me di cuenta que tienes bastante creatividad para subsistir, ahí en la Petrobras (Petrobras: Bencinera localizada en el sector estación) payaseando con todos, hasta con los carabineros.

Señor H: Hasta los pacos hueveo yo, pero siempre en buena.

Psicólogo: Te tiraban monedas po´, una quina, dos gambas, me fije que juntas tus luquitas.

Señor H: ¡Es que esa es mi oficina po´! uuujjauaujaj (risas espontáneas del Señor H.). Me encuentran de 9:00 a 13:00 hrs, y en la tarde de 14:30 a 18:00 hrs. Tu´sabis que cuido mi oficina, si un hueon viene a mear aquí, le saco la chucha (sacar la chucha: golpear). Tengo un acuerdo con el dueño de la bencinera po´, mientras le mantenga limpio ese espacio de cemento de 3 mts. x 3 mts., mi oficina, la uso a mis anchas.

Psicólogo: Por eso que mantienes limpio, ahora entiendo.

Señor H: Sabes Daniel, me acordé de unos amigos de Dichato (Dichato: localidad costera de la región del Bío-bío de Chile). Chucha los conocí sin querer, yo andaba de arranque de papas, y me tendieron la mano. Primero conocí a mi washito Guido (washito: amigo cercano), de ahí me hice amigo de su papá, don Gastón. Empezamos a trabajar vendiendo papas. Yo hacía la carga, el viejo se achoraba con una cerveza (achorar: invitar) y después me pagaba lo que hacía. Después me hice amigo del Niño, una excelente persona. Salimos a trabajar juntos, vendíamos sierras, "¡Económica la sierra!, ¡venga a ver mi sierra casera!, ¡la sierra esta linda casera!". Íbamos a Lautaro, a Gorbea, varios pueblos. Hacíamos la ruta de la sierra.

Psicólogo: ¿en que las transportaban?.

Señor H: Las comprábamos en Temuco y las repartíamos en un camioneta, una Nissan Terrano blanca, buena camioneta, íbamos a Gorbea, a Pitrufquen, con el Niño, llegamos a Liquiñe, se nos tapaban los oídos porque estábamos en altura, quedamos sordos, ahí nos fue como el pico (nos fue como el pico: alude a que les fue mal), cachay que Liquiñe te divide Chile y Argentina. Hay una barrera que dice que no hay que pasar el límite y pasamos cara dura no más (cara dura: sobre-confiadamente) y seguíamos trabajando, se cagaba lloviendo (lluvia tupida), hay un salto muy lindo ahí, el salto del Ángel. Estuvimos en Argentina vendiendo papas, cara dura no más. Andábamos trabajando, no choriando. Cuento corto, vendimos todas las papas y nos aburrimos y nos devolvimos a Temuco. Esta huea que te voy a conversar es loca, yo vivía en la casa de mi madre po´, llegó a la casa y mi hermano me tenía todas las hueas afuera. Chucha, ¿que huea pasa?, me pregunté, más encima el portón cerrado. "¿Dónde chucha me voy?", pensaba en ese momento. No faltó el amigo, el Hugo, me prestó su furgón para que pudiera dormir ahí. Extendía la parte de atrás para hacer una cama. El loco me pasó un cobertor y ahí dormí una semana. Después me puse a trabajar con el Tyson, otro amigo, con ese hueon conocí toda la Isla de Chiloé. La primera parada que hicimos cuando fuimos a Chiloé fue en Calbuco. Ahí vendíamos trigo y avena, nos quedamos durmiendo en una Copec (Copec: Estación de servicio). El Tyson dormía en los asientos y yo dormía en la carga. Camino a Calbuco me encontré un colchón. La pulenta que dormía bien arriba de la carga. Al otro día pasamos a comer a un quiosquito (pequeña tienda comercial), de ahí nos metimos a Calbuco, llevamos trigo y avena, "¡venga a ver mi trigo casera, bueno el trigo y la avena casera! (gritos con los que vendían sus productos desde el vehículo)".

Ya con algo de plata esperamos el trasbordador para cruzar el Canal de Chacao. Estando ya en Chiloé trabajamos en los bellos campos de ese paraíso de la naturaleza, recorrimos, vendimos nuestros productos, luego llegamos a Piulo, y después a Quenchi. Pasamos a un pueblito que se llama Colón, está a 6 km de Dalcahue. Lindo allá Daniel, la wea hermosa, yo me sentía fantástico. El Tyson me dió la oportunidad de poder salir hacer esas moneas pa´afuera (la posibilidad de trabajo fuera de la ciudad de origen), para poder librar (librar: escapar). No quería que me agarre la yuta (yuta: policía).

Psicólogo: ¿En qué forro te habías metido?.

Señor H: Estaba siendo buscado por 1 delito. Apuñalé a una persona en la feria. Anduve 1 año y medio prófugo de la justicia.

Señor H: Esto fue en el año 1987. En Bahía Mansa. Temporada de locatelis (locos: producto marino comestible y muy cotizado en estos años en Chile). Cuando los buzos se llenaban de plata, sacaban locos a cantidades industriales. Había 3 meses de extracción, entonces se colocaban mayas y después se cargaban las mayas. Se sacaban como 5 mil o 7 mil locos de una pata (de una pata: en poco tiempo). Cualquier wea (cualquier cosa), de repente llegaban lanchas a las 2 o 3 de la mañana y había que levantarse a descargar no más. A 50 metros de la orilla del mar llegaban las olas al techo de la rancha (rancha: casa construida de forma rudimentaria) durante la noche. No dormíamos ni una wea (no dormíamos ni una wea: sufrían insomnio) del puro miedo. Tremendas olas Daniel, Bahía Mansa más encima se llamaba, lo único bueno era que teníamos cuki si, nosotros no cocinábamos.

Psicólogo: ¿que es un cuki?.

Señor H: ¡Un cocinero puuu´!. Ese weon nos hacía comida todos los días, le decíamos Alcatraz a ese lugar, si querías llorar, íbamos a los roqueríos. Se echaba de menos a la familia. En la actualidad a veces me encuentro con algunos de los cabros con los que fui pa´ allá (fui pa´allá: fui a ese lugar). Con ellos nos conocimos ya en Temuco, y nos juntemos y nos fuimos en patota (patota: grupo numeroso de personas) a Bahía Mansa.

Psicólogo: ¿Y el cuki que cocinaba?.

Señor H: ¡Comííía puuuuuuu´! (Comííía: comida, alimentos). En serio, por ejemplo, el primer día porotos, al otro día pantrucas, o una cazuela de pollo, una cosa así, eran comidas surtidas.

Psicólogo: ¿Y comían locos?.

Señor H: Un día nos cocinamos 550 locos.

Psicólogo: ¿Hicieron una sopa?.

Señor H: Los cocimos po´ Daniel, después quedamos enteros de chatos con la wea (chatos con la wea: aburridos de comer tanto loco), nos comíamos los chicos, porque tenían que ser de 10 cm, si eran más pequeños paaaal lao (paaaal lao: los locos pequeños se separaban para la alimentación de los trabajadores), y todos esos chicos nos lo daban a nosotros. Una noche, no es mentira, hicimos la mansa guerra de locos en la casa, los locos volaban por todos lados, te llegaban los locos en la cabeza, hocico (hocico: boca), toda la wea (toda la wea: en todas partes del cuerpo), la media caga (la media caga: un enorme desorden) en la casa.

Psicólogo: jajjjjaj.

Señor H: Igual los que sobraban los vendíamos con la medida legal, seleccionamos de nuevo y el que servía lo vendíamos y los otros pa´ la cocina no más. Un día le dije a un amigo, el Drácula, "oye hace la mano pal´ mariscal po´ (hace la mano pal´ mariscal: consíguete otros mariscos para realizar un cocimiento de mariscos) su surtido, unos chorito maltones". Llega al otro día con 100 kilos de choro, 50 kilos de erizos y con otros 100 de piure. "¡Drácula culiao!", dije yo. "Ya vampiro culiao saca tus weas (saca tus weas: danos tus mariscos y hagamos el mariscal)", e hicimos un mariscal con los cabros, ocupamos una malla de limones pa´ comer el mariscal, que nos cagamos de la risa con el Drácula. No lo pase bien del todo, sufrí su resto (sufrí un poco), pero a fin de cuentas, lo pasamos bien.

Psicólogo: Todo no podía ser malo papito, que bueno que veas el vaso medio lleno de muchas de tus vivencias.

Señor H: Mira, otro cuento que te tengo, a fines de noviembre si Dios me permite, me voy pal sur.

Psicólogo: ¿Para dónde quieres viajar?.

Señor H: Ancud, isla grande, si vo conocí, no so na´ longi (si vo conocí, no so na´longi: tú conoces ese lugar, no eres tonto). Ahí me voy a ir, antes de ayer estuve con mis amigos, con el Miguel y el Marcelo, esos son mis hermanos, nos vamos pa´ allá con ellos, y como te digo si Dios lo permite, ya tengo para viajar, nosotros vamos con 100 lucas, les dije a mis amigos, "yo les pago el pasaje tropa de weones" (tropa de weones: se dice entre amigos en confianza, como si tus amigos fueran un gran número de idiotas, pero estos no se molestan, ya que se dice en la confianza de la amistad), son muy lindas las playas allá, mar abierto. Específicamente queremos ir a la puntilla de la isla de Ancud, es un lugar soñado.

Psicólogo: Genial.

Señor H: "Los caminos de la vida…".

Psicólogo: ¿Te acuerdas que el otro día volvimos a tus 17 años?, me gustaría que recuerdes tu infancia, el pasado. Detalles de tu niñez, cuando ibas a la escuela, ¿dónde estudiabas?.

Señor H: En la Escuela Yungay, abajo en Santa Rosa, ahí me acuerdo que en esos años usábamos pantalones con pechera. A pata péla no más (a pata péla: descalzo, sin zapatos), en invierno la tremenda escarcha, a pata no más, cuero de chancho (cuero de chancho: ser duro en la vida, sin mostrar debilidad a pesar de las adversidades) no más. Así llegábamos a nuestra escuela, "escuelita, con su patio y su jardín""…, (El Señor H. comienza a cantar una canción que al parecer es el himno de su escuela).

Psicólogo: ¿Y los profes?.

Señor H: El tío Lito…, el tío Lito era bueno, buen profesor, y el profesor Canales, mira el viejo culiao donde vas a salir en mi libro, esa está en Chillán, derecho, tela, (derecho y tela: formas de referirse a una buena persona, de confianza) en ese tiempo nos agarraban a varillazos los profes (en el pasado era visto como algo normal que los profesores golpearán a los alumnos para disciplinarlos en las escuelas de Chile, cosa que en la actualidad es un delito y es castigado gravemente por la sociedad).

Psicólogo: ¿Les pegaban varillazos los profes?.

Señor H: ¿A qué no?. Nos pegaban po´, en ese tiempo los profesores repartían charchazos por toda la sala de clases (charchazos: golpes con las manos).

Psicólogo: ¿Cuáles eran las otras formas de castigo o disciplina?.

Señor H: A los profes les daba la wea y se desquitaban con uno. Tenías que aguantar nomás a los profes, es más mi mamá le decía, "si se porta mal, péguele no más", así con más ganas me pegaban los profesores, no faltaba el weon que les robaba las varillas…, ya tenía una colección de varillas escondidas en mi pieza.

Psicologo: jajjjajj.

Señor H: Mira nunca me voy a olvidar del viejo culiao (culiado: grosería que se usa en este contexto para denostar a una persona) del director, que nos daba comida sin bandeja, y nosotros no sacábamos la cuchara, la dejábamos en nuestros bolsos, y sorbeteabamos la comida escandalosamente y al viejo culiao le daba rabia. De ahí a la sala de castigo, dele varillazos el viejo culiao, era enfermante, un día don Lito le dijo, "para la mano, para que le pegai tanto a los chiquillos", el viejo culiao era enfermante, pescaba la varilla y te daba y te daba duro. Dele varilla, hasta que un día me aburrí, bajé por la escalera y el viejo me estaba esperando abajo para agarrarme la patilla, para tirármela y un microsegundo antes que me agarre la patilla, le mande su puro combo en el hocico y salí corriendo. Una semana después mi madre me fue a entregar, y el viejo culiao me dijo, "llegaste, llegaste", sobándose las manos. Ese día el viejo culiao me dio una gran paliza, viejo maltratador, meta varillazos cachay, yo en el suelo sin poder pararme, y este viejo dele varillazo, por eso le puse el combo en el hocico, era un abusador, no es mentira Daniel, y tenía un alumno sapo que miraba afuera de la sala por si se acercaba alguien. Yo arrodillado, me las mordí todo el santo día, a las 4:00 p.m. era la salida, pero el viejo me dio la salida a las 5:00. Llegué a mi casa, que en paz descanse mi madre, "no voy más a ese colegio culiao, ni tú me pegaí (pegaí: golpeas) tan fuerte como ese viejo culiao" le dije. Me retiré en segundo básico, después me cambié de colegio y me fui a la Turingia, escuela N°53 primero, después escuela "F", allá me fui po', conocí hartos amigos, fui seleccionado de fútbol del colegio. En ese tiempo éramos el equipo sensación, le ganamos a todas las otras escuelas. Yo soy arquero po´ hermano, estas manos valen plata, era guiña para atajar penales (guiña: en este contexto la comparación con este felino tiene que ver con su gran habilidad para atajar penales), no es por enaltecerme, no es por sobrarme, fui campeón en primera serie y en juveniles, ya con 17 años jugaba en primera.

Psicólogo: ¿En qué equipo jugabas?.

Señor H: Independiente de Santa Rosa, ese es mi deportivo, la estrella azul de corazón. Tapaba penales en finales y por eso cuando me invitan a jugar yo no quiero jugar, porque me Piden weon, y quieren que vuelva yo a jugar, deje buenos recuerdos como arquero, pero ya pasó la vieja (ya pasó la vieja: dicho chileno para decir que el tiempo o una oportunidad ya pasó y no volverá).

Psicólogo: ¿Quieres rememorar alguno?.

Señor H: Estábamos jugando la final de juveniles, en la cancha del bajo (cancha del bajo: famosa cancha de fútbol de la ciudad de Temuco, que se localiza en la Población San Antonio). Hubo un tiro de esquina. Yo jugando al arco, y el weon manda un tiro corto y sale mi central y un loco del equipo contrario la toma y gambetea pasando a mi central, yo quedé pagando en el primer palo mientras el weon le manda un chimbazo (chimbazo: en la jerga futbolística chilena, un chimbazo es un potente disparo al arco) al segundo palo, y hasta el día de hoy, no me acuerdo como chucha atrapé esa pelota, justo en la raya. "¡párate!, ¡párate!", me decía el árbitro. "esperate po´, si el porrazo (porrazo: caída con todo el cuerpo al suelo) me dolió", le dije. No sé cómo chucha atajé la pelota, tenía hinchada afuera po´, los cabros me aplaudieron, vueltos locos. Esa final la ganamos 2-0.

Psicólogo: Eras una muralla al arco.

Señor H: Independiente de Santa Rosa de corazón. Después de esa atajada salí jugando rápido con el Tuca, saque largo, el Tuca la agarra y hace su cuento, se la pasa al Juan, este la detiene con estilo po´, como en el barrio, se acomoda y saca un disparo poderoso desde 30 metros aproximadamente, "¡Gooooooooooooooooooooool!", campeones pu´, "¡ehhh!", ¡ehhh!", ¡ehhh!". Los papeles, las bombas de humo esperaciendose por toda la cancha, los bombos sonando de nuestra hinchada, una fiesta.

Psicólogo: ¿Cuáles eran tus mejores habilidades como arquero?.

Señor H: Mira la cagaita de porte que tengo (cagaita: se refiere a su baja estatura), pero pa´los penales era bravo, siempre marcaba el arco, esa era mi habilidad, había penal y atajaba, quedaban pa´dentro los locos que pateaban los penales (quedaban pa´dentro: quedaban asombrados). Si los pateaban a la izquierda, mejor, era el lado que más me gustaba, y si era a media altura, más fácil para mí.

Psicólogo: ¿Canchas de tierra?.

Señor H: Canchas de arena y de tierra. Pa´una final de campeonato, me expulsaron en el minuto 90, contra Fernández Vial. Pero ya había hecho mi cuento (cuento: trabajo), salimos campeones también esa vez.

Psicólogo: ¿Y cómo celebraban?.

Señor H: Pa´ que te digo po´, puras garrafas de vino (garrafas de vino: grandes botellas de vino de 5 litros) y botellas de pisco, todos celebrando, una tremenda copa recibimos esa vez. Jugué hasta en equipos infantiles, y en todos fui campeón, fueron muy lindas experiencias.

Psicólogo: ¿Oye y todavía existe ese club?

Señor H: Murió el año pasado, pero duró varios años

Psicólogo: Dale.

Señor H: Era entusiasta por jugar, si no tenía chuteadores (chuteadores: zapatos de fútbol), mi hermano el finao (finao: fallecido) que en paz descanse, me prestaba, sino el Pescano también, ese pailón calzaba número 44 y yo 42, pero igual los utilizaba, aunque pareciera payaso, el deportivo era el deportivo po'.

Psicólogo: ¿Oye y ese tatuaje que tienes en el antebrazo?

Señor H: Mira esta wea me lo hice el año 89, tiene una anécdota este tatuaje, acá abajo había una frase que decía, "tú y yo", y me encontré con un amigo que me borró esa wea po´. El Nelson, mi amigito, me lo hizo con máquina, estábamos como piojos (ebrios) cuando me lo hizo, el loco me dijo, "te voy hacer un tatuaje", y yo le dije, "que tanta wea, hacelo nomas"... Creo que debí haberme hecho alguno de mi ex-señora alguna vez...

Psicólogo: ¿Has hablado con ella?

Señor H: Sipo, la llamo por teléfono y hablamos a veces.

Psicólogo: Oki.

Señor H: Quieres reírte conmigo, conmigo te vas a reír. Ayer me robaron la mochila y acá estoy con ella en la espalda…, así es la calle…, ahora voy a bajar al año 85 cuando tenía como 18 años y un amigo me invitó a Paine, a 55 kms. de

Santiago. Andábamos sin dinero, nada, entramos al Fundo Santa Elvira, la wea más fea y de ahí nos retiramos y nos fuimos a dormir debajo de un sauce, me hice una carpa de saco, la colocamos debajo del sauce, habíamos como 15 personas abajo del sauce después, conseguimos trabajo en otro fundo también en los duraznos, y ahí conocí a la Nelly, ella fue mi primera polola, está casada ahora, fue hermosa ella conmigo, se portaba bien, yo estaba debajo de un saco po´y me iba a rescatar, y me fui enamorando de ella.

Psicólogo: ¿Cómo se conocieron?.

Señor H: Ya te voy a contar, la hice corta jjujujujj (la hice corta: pretende destacar que fue rápido para conquistar aquella mujer), había un callejón y me invitó a salir po´, chuta ella me invita a salir a mí, nos acercamos a la entrada del callejón y de pronto pasa un bus a toda velocidad, levantando tierra, de los que iban a Santiago y atropellan un gatito, la Nelly shockeada me abraza, en eso le dí un beso en su boca aprovechándome del pánico, y ese mismo día nos hicimos pololos (pololos: pareja) y chucha te digo una cosa Daniel, a mí me gustaría verlas de nuevo, su mamá me quiere mucho, tengo ganas de viajar a Paine.

Psicólogo: ¿De Paine son las famosas Sandias?

Señor H: Esas weas me las robaba todos los días, sacábamos sandías, andábamos en un carretón, tomate, toa la wea arriba, a vender a Paine después mierda.

Psicólogo: ¿Y tuviste tu primer encuentro sexual con Nelly?.

Señor H: Sí ella fue mi primera mujer, y fue lindo, ella es muy linda, yo el año 2000 la fui a ver y me dijo, "oye tu loco de la cabeza, ¿qué andas haciendo?". "Nelly te vengo a ver", "loco de la cabeza" me dijo, "ahora estoy casada", "yo igual me casé", le dije, vine a dar una vuelta nomás. "Pasa a la casa, pasa, entra, acuéstate si quieres descansar un ratito".

Psicólogo: Harto patiperro me saliste (patiperro: viajero y aventurero).

Señor H: Sí es cierto, conozco toda esa zona por ahí, un día con la Nelly y su hermana fuimos a beber alcohol a la quinta región, la wea de local cerró a las 1:00 a.m., y andábamos con el hermano de la Patricia Maldonado, y que cerró la wea, "¿pa´ onde vamos?, pregunté". "Vamos pal pueblito

Hospital dijo la Nelly", más aplastados que la chucha en un jeep de 2 puertas. Llegamos allá, "mi amor, vas andar conmigo y nadie más", me dijo la Nelly, yo pensé entre mí, "esta weona es celosa, conmigo y con nadie más me dice". Y shuuuu, andaba cualquier mina, llegamos a la disco po´, habían como 10 transexuales en el baño, peligroso entrar al baño con un jabón…, pero se veían bonitos pa´que voy a andar con weas (pa´que voy a andar con weas: se refiere a que no va a maquillar la situación, se expresará sinceramente).

Psicólogo: En Hospital andabas vacilando (vacilando: de fiesta).

Señor H: Sipo, más lo que vacilé ahí, andaba trabajando en toda esa zona para las cosechas, y luego de fiesta en fiesta.

Psicólogo: ¿Cómo era la Nelly?.

Señor H: De esa mina nunca me voy a olvidar, hermosa figura, blanca, de ojos cafés, yo tengo 53 y ella 50. Yo la quiero mucho, independiente que se casara, la quiero mucho y la respeto.

<u>*XXI-. Feliz*</u>

Señor H: Tuve un día tan hermoso, lo mejor de la vida es tener a mis nietos, día bonito, la cagá (la cagá: da énfasis a lo maravilloso de su día), yo hoy estoy feliz, contento y orgulloso de tener 5 nietos.

Psicólogo: Se te ve un brillo especial en los ojos.

Señor H: Hoy jugué con cuatro de mis nietos, mis nietas se me colgaban del cogote (cogote: cuello), le llevé helados de regalo, yo nunca llego con las manos vacías, y me puse a jugar a la pelota con los chiquillos, con el Juaco y el Milo. Buenos pa´ jugar fútbol los cabros, buenos buenos los cabros, me querían hacer goles, mi hija les dijo "el tata fue de los mejores arqueros de Temuco en su momento, no le van a poder hacer goles", y mis chiquillos meta pelotazos al arco, y yo tapando. No me daban ganas de venirme, pero por el toque de queda me dio miedo weon (toque de queda: por razones preventivas asociadas a la pandemia por covid-19 en Chile se aplica "toque de queda", medida que tiene como objetivo que a cierta hora, antes del anochecer, todas las personas deben estar en sus casas y se prohíbe su salida), está la pura caga en las calles en Temuco, con las huelgas o paros de camioneros, no llega material para trabajar…, "cuídate que esta la pura caga con el Covid19", me dijo mi hija cuando me despedí de ella y mis nietos. Pero la verdad que no le tengo miedo a esa cuestión, he comprobado que a las personas que vivimos en la calle no nos contagiamos de Coronavirus, será porque estamos en escabeche ya (estar en escabeche: se refiere a estar con el cuerpo rebosado en alcohol), ¿qué alcohol gel?, ese virus nos rebota, nos toca y se muere.

Psicólogo: Es bueno sí que andes con tu mascarilla, te felicito, que de todas maneras te cuides..., A todo esto, tengo una pregunta, ¿por qué te dicen Mito?.

Señor H: Seudónimo de mi nombre po´, cuando chico me decían Helmito, y para no hacerla tan larga me dejaron como Mito no más, acortaron el nombre, y quede así…, y bueno siguiendo el cuento, lo pase espectacular al estar con ellos Daniel, fue un día agradable y sin nada de copete (alcohol), hace rato que no los veía a mis amores, desde que me apuñalaron pa´las fiestas patrias.

www.ingramcontent.com/pod-product-compliance
Lightning Source LLC
Chambersburg PA
CBHW071226240726
48654CB00009B/934